JN309653

津波避難学

命が助かる行動の原則と
地域ですすめる防災対策

清水 宣明
愛知県立大学看護学部教授

すぴか書房

目次

第2章 「とにかく逃げろ」では助からない人たち

序章

東日本から西日本へ

次に備えるために

２０１１（平成23）年３月11日に発生した東日本大震災では、２万人近い尊い命が失われ、約40万棟の家屋が全半壊するという、現代社会でにわかには信じられないような被害が出てしまいました。死者だけでも12都道県に及びました。そして今、南海トラフ★を震源とする大震災の発生が危惧され、東日本大震災の被害を教訓として対策が急がれています。

国は平成14年、東南海・南海地震に係る地震防災対策の推進に関する特別措置法を制定しました（平成25年の改正によって、「東南海・南海地震」は「南海トラフ地震」に名称が変更されています）。それ

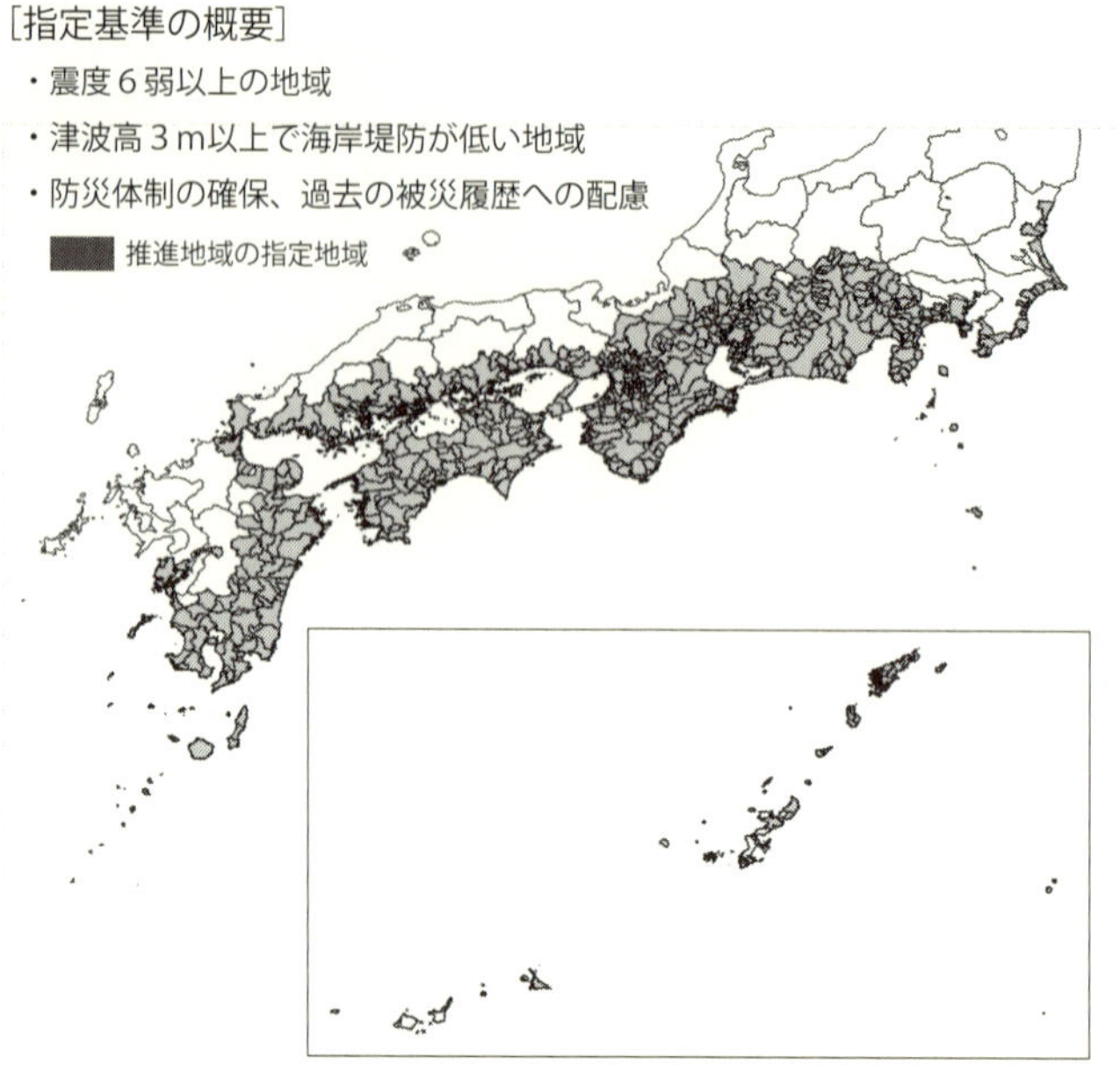

図１　南海トラフ地震防災対策推進地域

南海トラフ地震防災対策推進地域の指定（内閣府　防災情報のページ）
http://www.bousai.go.jp/jishin/nankai/pdf/nankaitrough_chizu.pdf
平成27年8月24日利用、一部改変

にもとづいて、1都2府26県の707市町村が、南海トラフ地震防災対策推進地域に指定されました（平成26年3月28日現在、図1）。つまり、東日本大震災の何倍もの人と物の被害が出る可能性があるとされているのです。

しかし、ひとつ注意しておかなければならないことがあります。それは、東日本と西日本の地理的な違いです。

東日本大震災での大きな被害の多くは津波によるもので、それは太平洋沿岸の集落に集中しました。その数と範囲は非常に大きかったのですが、そこから少し内陸に入った地域では被害が比較的小さく、交通網が壊滅することもありませんでした。幹線道路も、そこから派生して海岸部の津波被災地域に入るための道路も、被害が少なくて済みました。あるいは復旧が早かったので、大震災の次の日から多くの救援が入ることができました。基本的には国道4号線や東北自動車道を大動脈として、そこから分岐して被災地に向かうという、わかりやすい形です。海に面した大都市は仙台だけで、他は中小規模の市街地や集落でした。だからたいしたことはなかった、という意味ではありません。その逆です。つまり、それでも救助や支援はあれだけ困難だった、という事実を言いたいのです。とりあえずの緊急事態を乗り越えるだけでも、長い時間と膨大な労力を要しました。

一方、西日本は条件がまったく異なります。海岸沿いには大都市がいくつもあり、道路網も複雑です。しかも、各県の幹線道路は被災が予想される海岸沿いに走っています。その幹線道路の多くが地震と津波の両方で被災すれば、被災範囲も被災人口も、東日本の何倍にもなることでしょう。東日本大震災から学ぶべきことは、西日本で同じような大震災が起これば、その状況ははるかにきびしいものになるということです。

エネルギーラインも主要な交通網も寸断されるとなると、東日本とは比較にならないくらい多くの都

★南海トラフ
東海沖から四国沖で、フィリピン海プレートがユーラシアプレートの下に沈み込むことによって形成された海底の深い溝。沈み込みによる歪みの蓄積が限界を超えると、プレートが破壊され、マグニチュード8クラスの巨大地震とともに大津波が発生する。

市や集落、多くの住民が被災して孤立してしまうでしょう。そして、すぐに救援が来ることも期待できません。なぜなら、**被災をまぬがれた地域が有する救援の力量よりも、人口が集中した広範な被災地が必要とする救援の量のほうがはるかに上回る**のが明白だからです。

たとえば、私が住んでいる三重県は南北に細長い大きな県です。海沿いに都市や集落が並んでいます。幹線道路は海のすぐ近くにあるか、山間部を通っています。南海トラフの大震災が起これば、道路は容易に寸断され、被災地域から脱出しようとしても、行けども行けどもその先には被災地が続くことになります。逆にみれば、救助や支援がなかなか入れないし、入れたとしても目的地に到達できないということです。

被災しないであろう遠くの行政との支援の申し合わせ作りが盛んです。もちろんそれは重要なことですが、**被災直後には機能しない**可能性が高いことを前提とすべきです。遠隔の行政間の助け合いが機能するのは、危急存亡の事態が落ち着いてからの話でしょう。ですから、かなりの時間の孤立に耐えること、すなわち籠城戦を覚悟して準備する必要があります。少なくとも1週間、できれば1か月くらいを外部に依存しないで生き延びることができる準備が必要です。そうなると、もはや行政だけの力では不可能です。それぞれの地域でその時どうするのか、具体的な対策を考えておくことが必須だということを改めて強調したいと思います。

経験したことのない被災

西日本での被災が東日本とは大きく異なるものになるであろうということについて、私が暮らす伊勢志摩地域の集落の特徴を例にあげて説明しましょう。集落の特徴はそれぞれの地域で違いますので、一般的に通用するとは限りませんが、地震・津波避難に際しての、みなさんがお住まいの集落の安全性を考えるための参考にしていただければと思います。

伊勢志摩地域は、海沿いに多くの集落があります。数百人から2千人くらいの規模で、リアス式海岸にある集落もあれば、小さな平野部の集落もあります。そこで見られる特徴のひとつは、恐るべき密集集落が多いことです。内部の道路は軽自動車がやっと通れる幅で、車2台がすれ違える道は数少ないメインの通りや外周路に限られます。自分の敷地内に子や孫の家を建て増ししていった結果と思われます。

東北地方の沿岸集落（たとえば石巻市や宮古市）の大震災前の地図や航空写真を分析してみると、かなり密集しているような場所でも伊勢志摩地域ほどではなく、道路に十分余裕があったことがわかります。東日本大震災では多くの地域で震度6以上を記録しましたが、地震による被害で避難が大きく妨げられたという話はあまり聞きません。

しかし、伊勢志摩に見られるような超密集集落では、そうはいかないかもしれません。津波以前に、まずやってくる大地震で集落の建物が大きな被害を受けて、避難移動が非常に困難になるであろうことが容易に想像できます。積雪がほとんどない地域ですので、立派な重い瓦屋根の古い住宅が多いことも心配要因です。東日本大震災で地震による被害が少なかったのは、積雪地のために比較的屋根瓦が軽く、家の柱も頑丈であったことが幸いしたと言われています。なにより、地震災害の経験が少ないということが心配な条件です。火災が発生すると延焼しやすく、津波の前に家屋の被害が多発するでしょう。

このような超密集集落では、集落からの脱出どころか、集落内での短い避難移動さえ極めて困難になります。避難場所が見えていても到達できないということが起こり得ます。また、密集集落で不利なのは、避難移動が困難であるだけでなく、救助に入ることも困難なことです。このような条件の下では、避難タワーなどの施設を作れば状況が大幅に改善するとは考えられません。

さらに大きな問題があります。海岸から集落までの距離が極端に短いことです。遠州灘や房総、鹿島灘などでは、海岸に防風防砂のための松林があり、その内陸側に畑などの緩衝地帯があって、その後ろに初めて集落があるところが多いのですが、伊勢志摩地域の集落は、海に対して「はだか」ですので、津波に対して非常に弱い構造です。

みなさんのお住まいの集落はどのようでしょうか。一度、その立地条件を調べてみていただきたく思います。

［指定基準の概要］
・津波により30ｃｍ以上の浸水が地震発生から30分以内に生じる地域
・特別強化地域の候補市町村に挟まれた沿岸市町村
・同一府県内の津波避難対策の一体性の確保
※浸水深、浸水面積等の地域の実情をふまえ、津波避難の困難性を考慮

図２　南海トラフ地震津波避難対策特別強化地域
南海トラフ地震防災対策推進地域の指定（内閣府　防災情報のページ）
http://www.bousai.go.jp/jishin/nankai/pdf/nankaitrough_chizu.pdf
平成27年8月24日利用、一部改変

津波避難対策特別強化地域の意味

２０１４（平成26）年３月に政府は大規模地震重点対策地域を指定し、とくに津波避難対策特別強化地域として１３９市町村を選びました（図２）。これを「重点的に助けに来てくれる市町村」という意味にとっている住民がおられるのですが、まったくの誤解です。指定された市町村の位置を地図でよく見ていただければわかります。真意はまったくの逆で、「現実には助けが非常に遅れるか、十分ではない可能性が高いので、（少し余分にお金を出しますので）なんとか自分のところで

がんばってください」という意味に理解しなくてはならないのです。

この状況は三重県に限らず、西日本の多くの地域の現実だと思います。その現実の中身を詳しく分析して直視する必要があります。しかし、被災の現場となる地域社会では、対策が進んでいるという実感はほとんどありません。なぜでしょうか。私たちはいったいどうすればよいのでしょうか。

現在までの地震・津波対策は、地震や津波の恐ろしさや予想される被害の甚大さといった物理的な視点からのものです。しかし、実際に被災するのは生身の人間です。あなたや私が被災するのです。今までの地震・津波対策は、果たしてその視点で考えられていたでしょうか。本書では、あくまで人間の視点から、とくに災害時に弱い立場になることが予想される人たちの視点から、地震・津波対策について現実的な検討を進めていきたいと思います。

第1章

津波を起こす地震のしくみ

本書の主題を考えていただくために必要ですので、まず、津波を起こすような地震が起きるしくみについて、少しおさらいしておきましょう。

1　プレートとトラフ

地球はニワトリの卵にたとえられます。私たちが乗っているこの大地を卵の殻と思ってください。卵

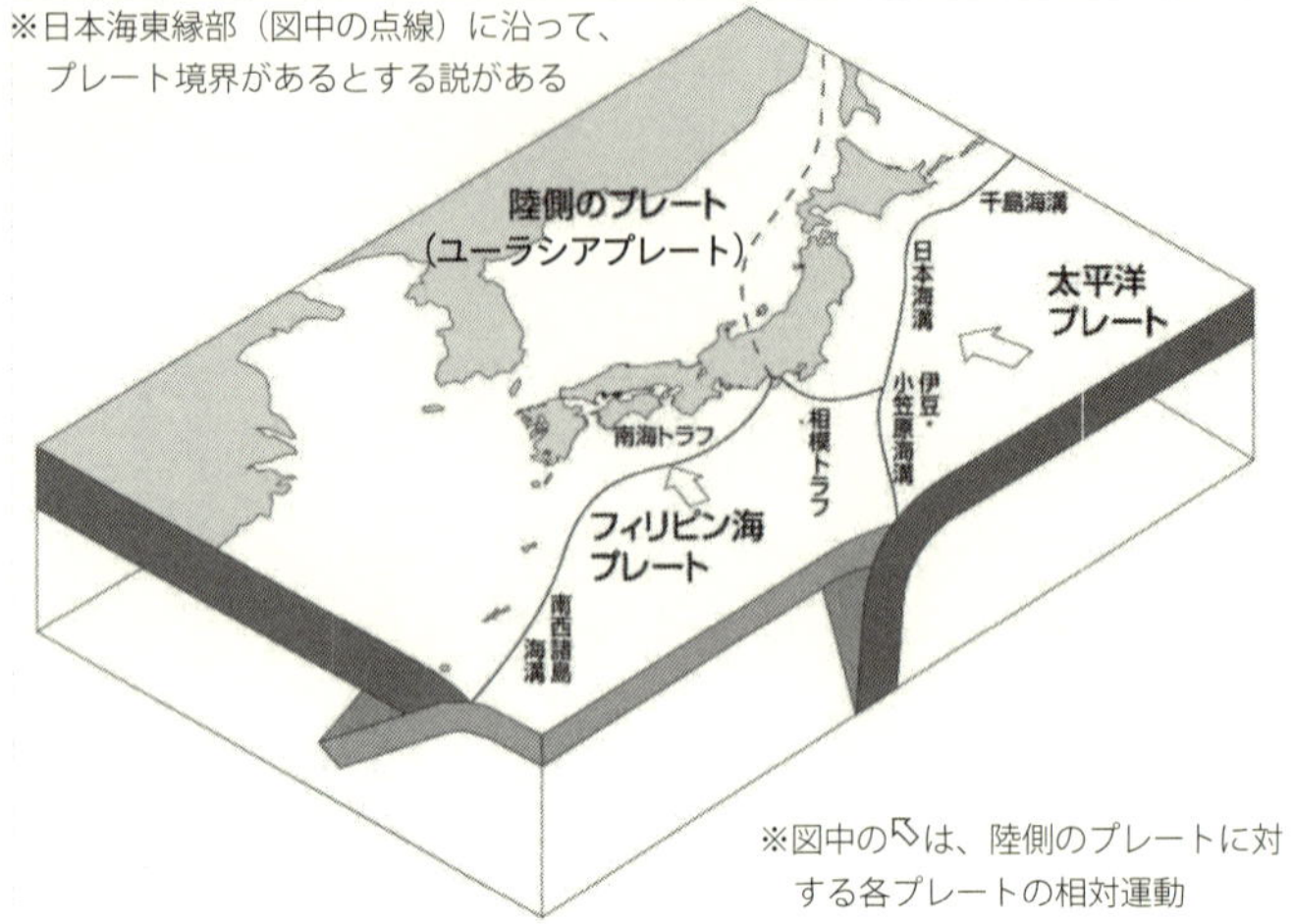

図3　日本列島周辺を構成するプレート

我が国で発生する地震（内閣府防災情報のページ）
http://www.bousai.go.jp/jishin/pdf/hassei-jishin.pdf
平成27年8月24日利用、一部改変

の白身や黄身にあたる地球の内部は、卵と同じようにどろどろしています。卵の殻にあたる地球の表層（**プレート**と呼ばれます）は一枚岩ではなく、いくつもに割れていて、それぞれが少しずつ思い思いの方向に動いています。日本列島はユーラシア大陸という大きなプレートの上に乗っていて、しかも、その位置は東のいちばん端っこです。

一方、太平洋の海の底には、ユーラシア大陸とは別のいくつかのプレートがあります。それらは日本列島の方向に押し寄せてきて、陸地の直前で日本列島が乗っているプレートとぶつかり、その下に潜り込んでいきます（図3）。1年間に数十センチメートルというわずかな動きですが、ひとつ問題があります。それは、潜り込むときに、日本列島が乗っているプレートをいっしょに地球内部に引きずり込んでいくので、その縁がだんだんと内側に折れ曲がってしまうことです。プレートがもぐり込む場所は海の底で深い溝になっているので、**海溝**（**トラフ**）と呼ばれています。ニュースで耳にする「南海トラフ」というのは、東海地方の沖から九州沖にかけて位置する海底の溝です。

図4に海溝で地震と津波が発生するメカニズムを示しました。陸側のプレートが折れ曲がるにつれて、ひずみが蓄積していきます。そしてそれがついに持ちこたえられなくなったときに、プレートの縁は元に戻ろうとして跳ね上がります。**海溝型地震**の発生です。跳ね上がった場所は海の深い底ですから、その上には大量の海水が乗っています。結果として、その海水もいっしょに跳ね上げてしまいます。跳ね上がった海水は、低いところへと流れていきます。これが**津波**です。

プレートの縁が跳ね上がったときに、その内部は広い範囲にわたって複雑に壊れます。これによって多くの大きな地震が起こるのです。ですから、トラフによる地震の震源は、点ではなく面（範囲）として考える必要があります。

心配される南海トラフによる西日本の大地震は、東海地方の沖から九州の日向灘沖まで、幅が200キロ程度、長さが500キロ程度といった非常に広い範囲が震源になると予想されています。

東日本大震災を起こしたトラフ（日本海溝）は東北地方の陸地から150キロくらい離れていたのですが、西日本のトラフは陸地から50キロくらいしか離れていないことに注意が必要です。東日本大震災

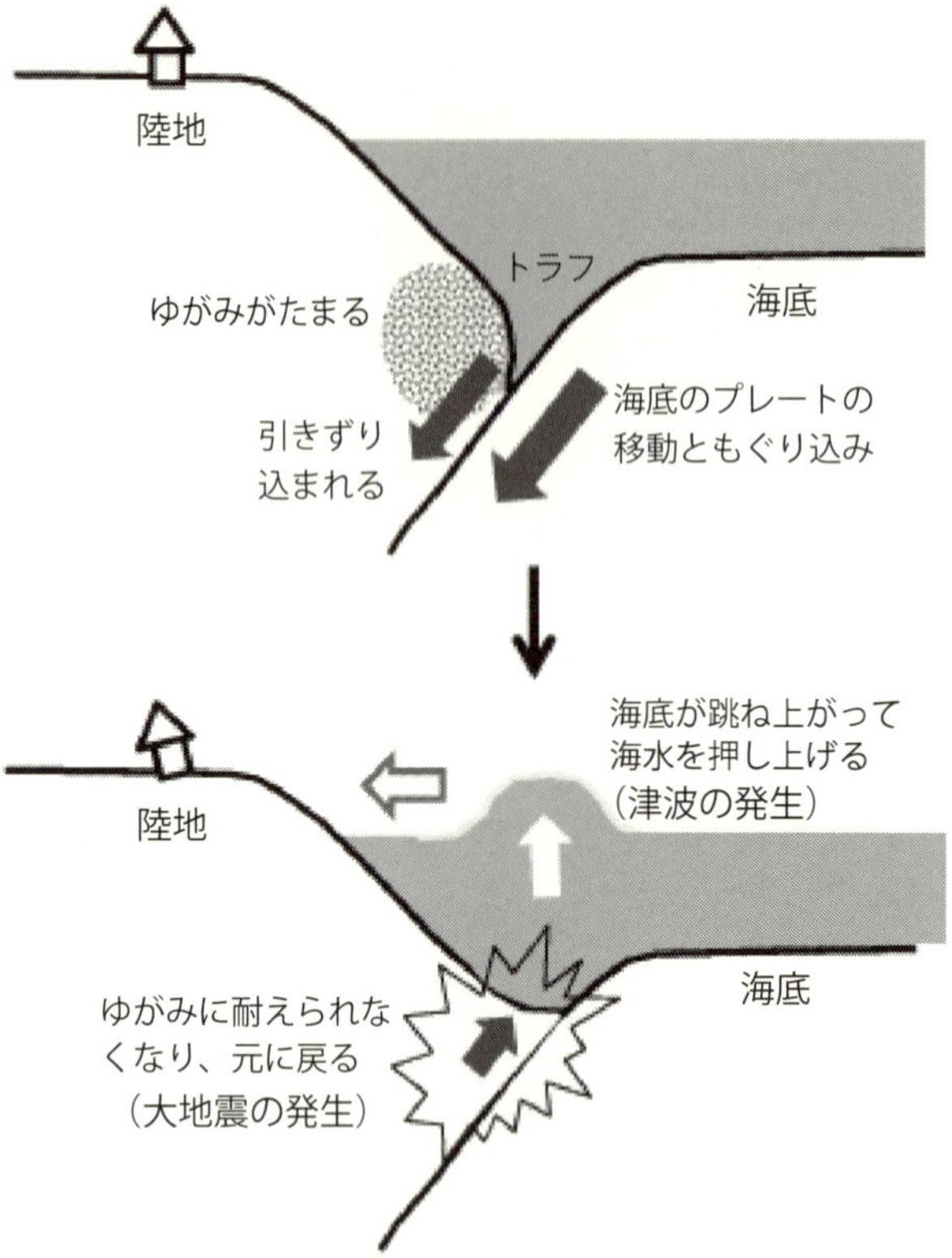

図４　海溝型の地震と津波が発生するメカニズム

では、陸地よりも海底を震源とする地震が圧倒的に多かったのに対して、西日本では震源域が大きく陸地にかかってしまい、しかも、津波がより早く陸地に到達すると考えられるのです。

2 まず大地震

このような海溝型と呼ばれる大地震と津波はセットです。津波の前には必ず大きな地震が来ることを忘れてはなりません。東日本大震災では、地震による人的被害が比較的少なく、一方で津波の被害があまりにも甚大であったために、多くの人は津波に偏った関心をもってしまったようです。私が住む伊勢志摩地域でも、津波のことは考えていても、地震のことはほとんど話題に上りません。津波が来る心配のない地域では、「海沿いの人は津波でたいへんだなあ、内陸でよかった」といった呑気さです。伊勢志摩は普段から地震が非常に少ないことも、この認識に拍車をかけています。しかし、とんでもありません。西日本では、まずお尻の下を震源とする大地震が起こって、次にその副産物としての津波が来るのです。

大地震に見舞われれば、沿岸部では液状化などで地形や道路が大きく変形し、建物にも大きな被害が出るでしょう。そうなると津波からの避難が難しくなります。また、津波が来ない地域も地震で大きな被害が出て、津波に襲われた地域への救助や支援どころではなくなります。どちらの地域も、自分の身は自分で守るしかないのです。

震度とマグニチュード

地震は地面が揺れる現象です。揺れの大きさは、人が感じる大きさである**震度**で表わされます。テレビやラジオで耳にする**マグニチュード**は地震のエネルギーの大きさです。マグニチュードが1大きくなると、地震のエネルギーは32倍大きくなります。マグニチュードの数字は、揺れの大きさと一致するとは限りません。マグニチュードが大きくても震源が遠ければ、揺れは小さくなるからです。逆に、マグニチュードが小さくても、震源が近ければ大きく揺れます。

津波の可能性

地震によって津波が起こるかどうかは、マグニチュードの大きさや、震源の場所や深さ、どのように岩盤が動くかにもよりますので、私たちが直接判断することはできません。たとえ揺れが小さくても、津波の可能性が低いとは言えません。

ただ、地震のたびに津波避難を実行するのも現実的ではないので、地震を感じたら、ただちにラジオなどで気象庁からの情報を得て判断します。しかし、明らかに危険を感じるような大きな揺れだったり、普通とは異なる揺れだったりしたら、情報を待たずに、直感的に津波の可能性を頭に浮かべなくてはなりません。

南海トラフの大地震

南海トラフの大地震では、東海地方から九州東部に至るまでの非常に広い範囲で最大で震度６～７の揺れが予想されています。震度６は立っていることがむずかしいくらいの揺れで、固定していないタンスやベッドが倒れたり移動したりします。震度７ともなると、めちゃくちゃな揺れなので、這わないと動けません。固定してある家具でも転倒しないとは言いきれず、ガラスなどが割れて散乱します。ブロック塀が倒れたり、家が歪んだりつぶれたりすることもあります。

3　津波とは

海そのものの移動

津波は、プレートの破壊や変形によって海底の一部が縦方向に急に持ち上がることで、その上にある海水もいっしょに持ち上げられ、その変化が周囲に伝わっていって陸地に達して被害を及ぼすものです。普通の波は海面付近だけの水の動きですが、**津波は海底から海面までのすべての水が一気に動く**ので、その名前とは違って、波というよりも海そのものの移動、つまり海全体が押し寄せてくると考えたほうがよいでしょう。

ですから、普通の波とは性質が大きく異なります。5メートルの波は5メートルの堤防で跳ね返すことができますが、5メートルの津波はそうはいきません。なにしろ、海の水が底から移動してきますし、移動してくる水の幅も数キロから数十キロメートルととても広いので、たとえ先頭の高さ5メートルの水を止めたとしても、あとからあとから押し寄せてきます。前進を止められれば、水は仕方なしに横か上に向かいます。横にはすでに水がありますから、だいたいは上に向かって堤防を越えていきます。これを**越流**《えつりゅう》と言います（図5）。

速度と破壊力

津波の速度は海の深さによって異なります。千メートルを超えるような深い海では時速500キロを超えるようなジェット機並みの速度です。それが陸地に近づくにしたがって、海底との摩擦によって速度が落ちてきます。陸地に達する時には、時速30〜50キロくらいまで減速します。

実は、ここで注意が必要なのです。津波は陸地に近づくと、陸地に近い側（前側）の方が遠い側（後ろ側）よりも減速しますので、前につんのめった形になって高さが高くなっていきます。そして、陸地に達するときに最高になります。これを**浅水変形**《せんすいへんけい》と言います。気象庁が出す注意報や警報で知らされる津波の高さの予想は、このときの高さです。

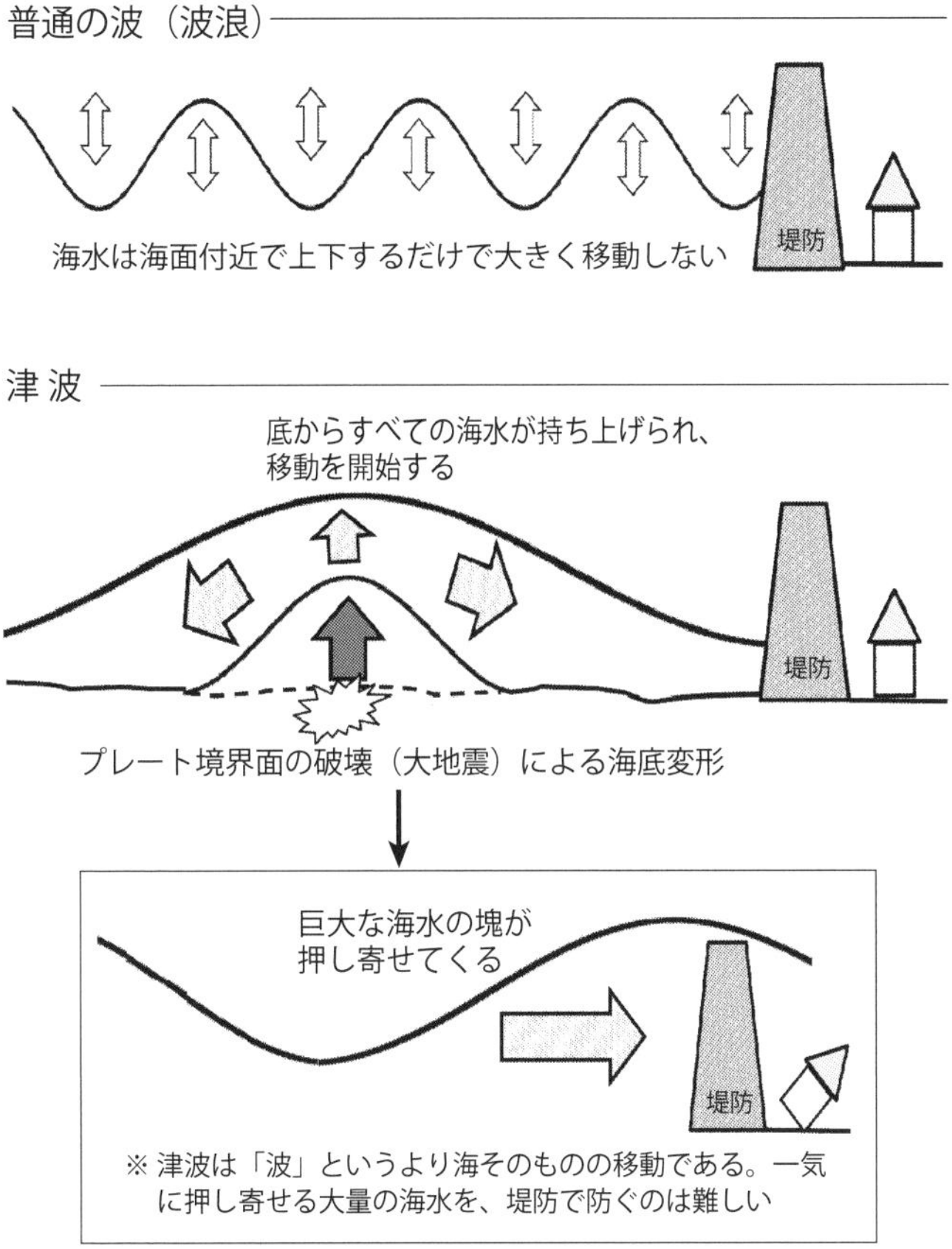
普通の波（波浪）
海水は海面付近で上下するだけで大きく移動しない
堤防
津波
底からすべての海水が持ち上げられ、
移動を開始する
堤防
プレート境界面の破壊（大地震）による海底変形
巨大な海水の塊が
押し寄せてくる
堤防
※津波は「波」というより海そのものの移動である。一気
に押し寄せる大量の海水を、堤防で防ぐのは難しい

図5　普通の波と津波の違い

津波は陸地に到達して、それでおしまいではありません。それまで巨大な海水のかたまりが高速で移動してきたのですから、海岸に到達してもまだ前進のエネルギーが十分にあり、それがなくなるまで地上を流れていきます。これを遡上《そじょう》と言います。どれくらいまで遡上するかは予測が難しいですが、海岸に達したときの水深（津波高）の4倍くらいの高さ（標高）の場所まで駆け上るエネルギーがあるとされています。5メートルの津波は、20メートルくらいまで登る力があるのです。もちろん、土地の勾配は様々ですし、途中に障害物もありますので、実際にそこまで駆け上ることはまれですが、平地だと10メートルの津波は5キロくらい内陸まで達する力があることが、東日本大震災の仙台平野の浸水記録から示されています。

津波は、陸上を流れるときも短距離選手並みの時速30キロくらいの激流ですから、そこにある建物などに被害を及ぼします。おおむね、木造家屋は2メートルくらいの水深までならなんとか耐えますが、それを超えると破壊が始まり、4メートルになると流されてしまう可能性が高いとされています。また8メートルを超えるようだと頑丈な建物にまで破壊が及びます。ただ、学校などの鉄筋コンクリートの建物は、水没した階では内部が破壊されてしまいますが、10メートルを超えるような津波の流れにも耐えるようです★。

津波の周期

津波が海岸にやってくると海面の高さが上がりますが、二通りのパターンがあります。ひとつめは、まず海面が下がって（潮が引いて）、それから上がっていくものです。これは地震による海底変動で海水が急激に持ち上げられたために、そこに向かって陸地側の海水が一時的に引き寄せられるために起こる現象です。東日本大震災では、多くの海岸でそのような一時的な引き潮が観測されました。このような異常な引き潮は、大津波の前触れとして注意が必要とされています。

もうひとつは、そのような海面の低下はほとんど見られずに、いきなり上昇するものです。津波の発生地点から遠くなると、最初の海水の引き寄せがはっきりしなくなるためです。

津波の押し波がやってくると海面は上昇し、やがていったん止まり、今度は逆に引き波になって海面は低下していって、またいったん止まり、再び押し波に転じて元の海面の高さに戻ります。この海面の「上がる、下がる、元に戻る」の変化を周期といいます。津波はこの周期を何度も繰り返して押し寄せます。

最初の押し波を第一波として、次の押し波から第二波、第三波というふうに数えます。第一波が最大とは限りません。第二波以降が最大になることもめずらしくありませんが、それはその時次第ですので、津波避難では第一波を基準に考えなければなりません。

★首藤伸夫「津波強度と被害」（東北大学津波工学研究報告、第九号：一〇一―一三六、一九九二）

津波の一周期は40分～1時間くらいとされています。ということは、津波が到達してから最大になるまでに10～15分程度しかない計算です。その時間内に津波は堤防を越えて陸地に流れ込んでしまう可能性があるということです。それが到達後のどの時点かは、津波の大きさや海岸の状態で変わりますが、津波は到達してしまうと数分で陸に上がってしまう可能性があるのですから、到達の様子を見てからなどと悠長に構えてはいられません。できるかぎり到達時刻までに避難を完了するべきなのです。いったん到達してしまうといつ流れ込んでくるかわかりませんし、陸に上がった津波は時速30キロくらいで流れていくので、競走しても勝てません。津波の大きさに気づいてから逃げ切るのは困難なのです。

私が住んでいる三重県は、南海トラフ大地震が起こった場合の津波到達予想を、地震発生から津波の先端が到達して50センチメートル海面が上昇した時間として地域別に示し、それまでに避難を完了しなければならない、としています。

4　確かな予測はできない

津波については、その大きさや到達時間、浸水範囲などの予測が国や県などから出されていて、各自治体の防災マップや津波避難マップなどの根拠として使われています。また、実際に大地震が起こると、気象庁が、震源とその規模、津波のあるなし、津波の大きさと到達時間などを計算して国民に知らせることになっています。

ところで、これらの予測はどれくらい確かなものなのでしょうか。東日本大震災では、これらの予測と実際の津波とがあまりにもかけはなれていたことが大きな問題となりました。「想定外」という言葉が飛び交いました。しかし、本当に想定外だったのでしょうか。

非線形の現象

地震や津波は、地球規模の大きな現象です。しかも、そのメカニズムが複雑で未解明な部分も大きい非線形の現象です。非線形の現象とは、原因と結果が単純な比例関係にならず、予測が非常に困難、あるいは不可能な現象を言います。たとえば、コップを床に落とすと割れますが、みなさんはその割れ方を正確に予測できますか？　地震や津波の発生を予測するとは、それをあえて予測するようなものです。

どうするかというと、学問的には様々な条件を設定して計算してみて、その結果を集めて考えていくのですが（数値解析と言います）、そもそも発生の仕組みに未知の部分があまりにも多いために、少しでも条件を変えると結果が大きく変わってしまいます。これを誤差と考えるなら、地震・津波予測には大きな誤差が伴うことを避けられません。気象庁も、津波の予測については2倍程度の誤差を伴うものであることを明記しています。現時点の科学では予知や予測は不可能なので、私たちは想定外に備えるべきであることを何人もの専門家が指摘しています★。なにしろ、超巨大地震・津波であった東日本大震災でさえ、予知や予測はまったくできませんでしたし、その後の研究でも明確な前兆は見つかっていないのですから。

なぜ予測できないのか

津波の予測は、ある特定の場所で、ある特定の海底の動きによって、ある特定の規模と形の津波が発生することを前提として計算されます。そうでないと計算が複雑すぎて、結果（答え）を出せなくなってしまうからです。しかし実際には、そのような「ある特定の」地震など起こりません。南海トラフを震源とするような地震の震源は非常に広範囲になりますし、その発生の仕組みも、そこで起こる現象も解明されていません。ですから、想定は最初の段階から誤差とも言えないような大きな誤差を含んでしまいます。さらに、その後に津波が私たちのところまでやってくるまでの過程、すなわち、津波が海上を伝わっていく仕組み、海岸に達したときの高さや強さを決める仕組み、地上を流れていくときに被害を及ぼす仕組み、それらの被害の大きさを決める仕組みなども十分には解明されていませんから、それぞれの段階でさらに大きな誤差が加わります。ついには誤差が誤差を呼んで、最終的には巨大な誤差を伴った信頼度の低い数値になってしまうのです。科学的には「誤差」で済ませることができますが、実用上、もはやそれは「予測」とは呼べない代物です。

5　予測や想定の受けとめ方

地震や津波の対策は、ある想定の下に行政によって策定されたものです。その考え方や過程を知らないと、予測や想定を正しく理解できません。

津波ハザードマップの作られ方

みなさんは、自治体から出された津波の浸水範囲の予測マップ（津波ハザードマップのひとつ）を見たことがありますか。浸水範囲とその深さを着色して示した地図です。多くの自治体がそれぞれのデザインで作成して配布しています。

もしこのマップに予測の誤差を書き入れたとしたら、着色範囲が1倍半から2倍にもなってしまって、とても防災マップの意味をなさないものになってしまうでしょう。でも、科学的にはそういうことなのです。浸水予測マップにも、必ず以下のような文言が小さくどこかに書かれています。「これはひとつ

★地震予知の不可能性については、ロバート・ゲラー『日本人は知らない「地震予知」の正体』（双葉社、二〇一一年）、島村英紀『「地震予知」はウソだらけ』（講談社文庫、二〇〇八年）、黒沢大陸『「地震予知」の幻想』（新潮社、二〇一四年）などを参照。

の想定によって計算されたひとつの浸水予測であって、このようになることを保証するものではありません。着色されていない範囲にも浸水が及ぶ可能性がありますので、そのことを考えに入れた上での対策をお願いします。」まるであやしい商品の取り扱い説明書のようですが、そのような意地の悪い見方をしなくても、これが今の科学の限界なのです。

科学的な理解ということでは、もうひとつ重要なことを指摘しておきたいと思います。

自治体から出される津波浸水の想定や避難マップは、いずれも、しかるべき学者によって計算されたもののはずですが、これだけ多くの人間の命にかかわる基礎的な資料であるにもかかわらず、事前に公開されて、学会などでそれが妥当なものであるかについて専門家による批判的議論や評価を経たものではない、ということです。行政が特定の学者に依頼して、その結果がそのまま、ある種の権威性を付与して出されているのです。ですから、私たちは、それを信じるとか科学的な根拠にするとかいう態度で受けとめるべきではありません。あくまで限定的な条件によるひとつのシナリオと理解して、「参考にとどめる」というのが正しい使い方です。

防災会議で検討されること

地震・津波の想定は、防災のための委員会や審議会で様々に検討された上で示されるのですが、その際、どのようなことが検討されるのかご存知ですか。それは大きく分けて三つです。

一つめは、科学者が科学的に算出する数字（予測データ）です。今の科学で予測できることは限られるとはいえ、科学的なデータは重要です。

次は世論です。その数字を社会の一般の人々が妥当であると感じるかどうかです。

そしてもう一つが、行政の対応可能性です。行政としては、対策が不可能な条件を想定されていたのでは仕事ができません。絵に描いた餅では困るので、そんな想定は避けます。

これら三つの要件を相互になんとか折り合いをつけたもの、それが**想定**です。文字通り、想い定めたものです。そして行政は、それに対する方策、すなわち**対策**を考えていくことになります。

ひとつのシナリオに過ぎない

以上のように、津波の予測や想定は、ある特定の（非常に限られた）条件設定による計算結果に過ぎないのです。様々な条件設定が可能で、理論や計算方法も学者によって異なります。予測の方法も発展途上です。そもそも、地震や津波の発生の仕組み自体が十分に解明されていません。

また、予測は大きな誤差が避けられませんから、予測や想定は「そうなる可能性が大きい」という意味ではなく、単なるひとつの「例示」であり、ひとつの「シナリオ」なのです。そのことをよくよく理解する必要があります。

ですから、もしも現在の浸水想定をもとに、そこで示されている浸水範囲からの脱出を主眼とした避難対策を立てるとするならば、それは不確実性が高いバクチに近い対策であると言うほかありません。

これは必ずしも科学者が悪いわけではありません。地震・津波を予測する科学が、まだそのような段階なので、それを全面的に信じて私たちの命をあずける対策を考えるべきではないということです。そのように理解した上で、私たちは科学を上手に使うという態度で対策に取り組むことが重要なのです。

6 避難対策

それでは避難対策など立てられないと思われるかもしれませんが、そんなことはありません。津波の大きさや浸水範囲を明確に示せなくても、避難対策は可能です。**地震・津波対策**は、科学技術を用いていかに自然とたたかうかの方策ですが、**避難対策**は、科学的な知識を使いながらも、あくまで人間の視点から、いかに災害の犠牲にならずに逃げ延びるかの方策なのです。本書はそれを示すことを目的としています。

誰もが当事者に

津波からの避難というと、「うちは津波が来るところから離れているから関係ない」と言われる方がいます。確かに、どんなに大きな津波でも、浸水する範囲は極めて限られています。東日本大震災の仙台平野でも、浸水したのは最大でも海岸から5キロ程度、もっと傾斜が急な地域では数百メートルから2キロくらいでした。

でも、津波が及ばなかった場所に住んでいる方がたくさん亡くなりました。そのときに仕事や用事で津波が来た範囲に入っていたり、たまたまそこを通過していたりしたのです。ですから、海が見えるような場所には一生絶対に行かないというのであれば別ですが、誰もが津波避難の一般的な知識をもっていて損はありませんし、ましてや生活圏に津波エリアを含むような方は、より豊富な知識をもつべきです。これは他の風水害などの自然災害への備えにも役立ちます。

生きる力を育てる

みなさんは、今までに一度くらいは、「まさか!」とか「ウソだろ!」と（心の中で）叫んだことがあるでしょう。私もつい先日、通勤途中の名古屋駅でズボンのチャックが壊れ、その5分後に今度はベルトが切れました。考えてみると、人生は大なり小なりの「まさか!」や「ウソだろ!」の連続です。私たちはそれをなんとか乗り越えたり、上手にかわしたりして生きていきます。それができる力が、私たちの**生きる力**なのだと言えるかもしれません。

災害対策とか危機管理とかいうと、どうしても暗い話になりがちです。仕事として常にそのことが頭にある専門家ならいざしらず、口を開けば「津波に備えろ」「危機意識を持て」などと言われていたのでは、いくら大事なこととはいえ、住民の方々がいやになってしまって「聞きたくない」「考えたくない」と思ってしまうのも当然です。

そうならないために、私は地震・津波対策を「子どもたちの生きる力を育てる教材」として位置づけています。地震や津波といった自然災害は、子どもたちにとってもイメージしやすく、そこで起こるいろいろな困難とその克服について、具体的に考えていくことできるからです。そうすれば、小学校も地域も、あまり深刻にならずに一緒になって考えていくことができます。

第2章

「とにかく逃げろ」では助からない人たち

東日本大震災の犠牲があまりにも大きかったので、ひとりでも多くの命を救い、一日も早い復興につなげるために、「とにかく逃げる」ことが最重要とされています。「津波てんでんこ」という言葉も有名になりました★。しかし、地震・津波対策とはいったい何なのでしょうか。誰のための対策なのでしょうか。誰がいちばん必要としているのでしょうか。少し落ち着いて考えてみましょう。

1　人間的な視点からの対策

東日本大震災での死者・行方不明者は、約1万8千人にも上ります（警察庁、2015年9月）。その多くが地震によって発生した津波によるものでした。また、さらにその後余儀なくされた厳しい避難生活のなかで命を落とされた方々もたくさんおられます。大震災が発生した平成23年末で、33万人あまりの方々が避難生活を余儀なくされました（復興庁、2013年12月）。とくに、原発事故が重なった福島県では、2015年3月末時点で避難生活の厳しさが原因で亡くなった人の数（復興庁認定で1千914人）が、地震・津波で直接亡くなった人の数（1千612人、警察庁、2012年3月）を超え、その後も増え続けていると考えられます。

地震や津波、台風や火山噴火といった大きな自然現象は、人間に様々な被害をもたらします。生命や健康への直接的被害もありますし、建物やシステムといった物や環境の被害もあります。ひとくちに被害といってもその内容は様々なので、その対策にはいろいろな方向からの取り組みが必要です。

すぐにイメージできるのは、行政を中心とした対策でしょう。法律を整備したり、避難所や道路を建設したり、防災マップを作って避難訓練を実施したりすることです。被災者の救護にあたる災害医療支援もこの中に入ります。

ただ、それで十分ならば、東日本大震災であれだけの犠牲者は出なかったでしょう。実際の災害で命を守るためには、もう少し地域的（ローカル）な範囲で、しかも個人的・人間的な視点からの対策が必須です。犠牲になるのは、ひとりひとりが異なる生身の人間だからです。その対策の中身は大きく分けて、どう行動するかという問題、からだを守ること、こころのケアの三つです。

行動の問題

そのときに、住民はどのように判断して行動するかということが、まず第一に重要です。どう避難するかは、地形や住環境と深く関連します。住民同士が助け合うことも大切です。地域の実態を知り、具体的な対処法について研究し、その結果を教育活動や避難訓練に活かします。

からだの問題

人間はからだが元手です。災害が起こったときに、住民の体力や抵抗力はどのような状態か、病気や

★津波てんでんこ
岩手県沿岸部で伝えられる、津波から逃れるための行動を表わす言葉。てんでんことは、各自それぞれにという意味だが、他人にかまわずに逃げろということではなく、そのときには時間がないので、あらかじめ各自が行動をきちんと決めておいて即座に実行せよという意味。

治療はどうなるかなどが問題となります。子どもや高齢者を守るための対策は、地域によって人口の年齢別構成が異なるので、実情に応じた取り組みが必要です。

こころの問題

そのときに、どのようなことを感じたり考えたりするのか。怖いと思ったり安心したり、そのときのこころの状態が行動を左右します。こころの状態を少しでもよくするにはどうしたらよいかを考えます。被災者はこころにもダメージを受けます。被災前から避難後に至るまで、こころのケアは重要な問題です。からだとこころは一体です。

2 災害弱者とは

対策というと、行政が担うような大きな対策に目が向きがちですが、近寄ってみれば、そこで実際に動いているのはひとりひとりの人間です。災害では、大きな対策も必要ですが、同時にこの「人間への視点」と「人間からの視点」が不可欠です。そのときに真っ先に考えるべき人間とは、どのような人でしょうか。それば、「災害弱者」という方々です。

災害弱者とは、読んで字の如し、災害という環境の変化に対応する力が弱い人たちです。からだやこころに何らかの不具合をもつ人や、けがをした人がすぐに思い浮かびます。これらの方々が災害弱者であるのは当然です。でも、それだけではありません。とくに不具合がなくても、高齢者や妊婦さん、新生児や乳幼児、年少者（おおむね小学生まで）などが含まれます。これらの方々も災害時には弱い立場になることは容易に想像できることです。

それでおしまいではありません。上にあげた方々のご家族や関係者なども含まれてきます。なぜなら、健康や安全の問題は、当事者だけではなく、当事者とかかわりがある方々の問題でもあるからです。つまり、災害弱者とは、心身が弱い当事者だけではなく、それらの方々となんらかの心のつながりのある方々が含まれるのです。そのように考えると、これらの方々を取り巻く地域社会（コミュニティー）全体をその範囲に含めることができるでしょう。

高齢社会

現代は高齢社会と言われます。人口に占める高齢者の割合が少しずつ大きくなっているからです。高齢者とは一般に65歳以上の方々を指します。65歳を超えても健康で元気いっぱいな人も多いので、このような大雑把な言い方をするとお叱りを受けるのですが、一方で、これくらいの年齢になると、からだやこころにいろいろな問題を抱えることが増えてくるのも事実です。

高齢社会は、その程度によっていくつかに分けられています。国連の定義では、65歳以上の住民の割合が7パーセントを越えた社会を「高齢化社会」、14パーセントを越えると「高齢社会」、21パーセント、つまり住民の5人に1人が65歳を越えると「超高齢社会」と呼んでいます。

たとえば、私の職場がある名古屋市は、平成25年度で65歳以上が22・7%ですので、すでに超高齢社会です。その割合は毎年確実に増えています。また、65歳以上の割合は地域や集落によって大きく異なり、中には50パーセントをはるかに越えるような集落もあります。地震・津波の対策を考えるには、対象となる狭い地域や集落の人口の年齢割合に注意が必要です。

東日本大震災では、被害がとくに甚大であった岩手、宮城、福島の三県で亡くなられた方の実に56パーセントが65歳以上であったことが警察庁の資料で示されています。しかも、その約9割が逃げ遅れての水死です。津波被害が、いかに災害弱者の中の高齢者に集中したかを示す悲しい数字です。

3　誰でも災害弱者になり得る

「避難しなければ！」となった時に、みなさんはまず何を考えますか。迫り来る危険について考えなければならないのはもちろんですが、まず、頭の中にひらめくのは、自分にとって大切な人たちのことではないでしょうか。どんなに危険が迫っても、人間は「自分のことだけ」を考えるのではありません。

みなさんは、どういったご家族と暮らしていますか。若い方もいれば、お年を召した方もいるでしょう。若い方には、生まれたばかりの赤ちゃんや幼児、小学生といった年少者もいれば、元気いっぱいの少年や青年もいます。高齢者にも30歳くらいの年齢幅があります。人間は齢をとるにつれて、身体機能、すなわち体力や精神力が少しずつ変化していきます。数値で表わせる強い弱いだけでなく、その中身（質）も変わります。

からだの状態も様々です。若いといっても健康で元気いっぱいな方だけではなく、無理をすべきではない妊婦さんや、病気や障がいのある方もいるでしょう。

そこに残して逃げられますか？

さあ、避難です。そのときに、あなたはご家族の災害弱者をどうしますか。ご家族でなくても、たまたま同席していた友人が災害弱者かもしれませんし、地震で大けがをした人がいるかもしれません。または、避難の途中で助けを求められることもあり得ます。さあどうしましょう。

地震・津波対策では、一般に「とにかく逃げる」ことが強調され、それによって「１人でも多くの人が助かる」ことに価値があるとされています。確かに、第三者から見ればそうかもしれません。でも現実に、あなたは自分よりも弱い立場の方々をそこに残して逃げられますか？

この質問は、「逃げるべき」とか「逃げてはいけない」とかいった、倫理的・哲学的な問題を議論するためのものではありません。逃げてもよいし、逃げなくてもよい。誰もその行為を非難することはできません。ただ、実際には「なかなか置いて逃げることはできない」のが人間というものではないでしょうか。

そのとき、**あなたも災害弱者になる**のです。あなたの親あるいはおじいちゃんやおばあちゃんが「私はいいから、おまえたちだけで逃げろ」と言ったら、あなたやお孫さんはよろこんで逃げますか？　そのとき、あなたもお孫さんも災害弱者になるのです。

災害弱者とは誰なのか？　実は、誰でも簡単に災害弱者になるのです。さらに、あなたが今いくら若くて元気でも、地震・津波は今すぐに起こるとは限りません。何十年か後、あなたがお年を召したときに起こるかもしれないのです。

決して少数派ではない

65歳以上の住民について、もう少し詳しくみてみましょう。たとえば、伊勢神宮で知られる伊勢市では、65歳以上の人口は平成23年度で25・9パーセントでした。話をわかりやすくするために、住民千人を考えます。25・9パーセントは259人です。65歳以上の259人の半分にあたる129人くらいは65歳以下の家族と同居していると考えられますので、二つを足して少なくとも389人は高齢者とその家族です。これに、お年寄りと暮らしていない妊婦さん（住民の約1パーセント）、病気や障がいをもった方々、乳幼児や小学生（住民の約10パーセント）、およびそれらの方々のご家族で65歳以下の人数を加えると、合計は500人（50パーセント）くらいにはなるでしょう。すなわち、住民の4人に1人が65歳以上というどこにでもある市町村なら人口の半分くらいの住民は災害弱者とその家族だということです。意外に大きな割合であることをわかっていただけると思います。

地震・津波対策は、安易に平均的な住民を基準にしてしまう場合が多く、災害弱者というと、なぜか少数派で特別な存在というイメージを持たれがちです。その対策も付け足し的な位置づけで後回しになってしまいます。果たして、それは対策として正しいと言えるでしょうか。

4　対策の基準を災害弱者に

このような理由から、**地域の災害対策は、災害弱者を基準として策定すべきである**と考えます。災害対策とは、厳しい状況の中で弱い人たちを守るための方法の追求でなければならないからです。なぜなら、強い人は自分の力でどのようにしてでも生き延びることができるからです。

若くて元気な人なら2キロでも3キロでも逃げられます。普段からからだを鍛えることもできるでしょう。しかし、住民の中には、からだを鍛えるどころか、今の体力を維持するのがやっとで、1キロはおろか100メートルを移動するのも容易ではない人がたくさんいます。しかも、そこには災害弱者といっしょに逃げることになる人たちもいるのです。

健常者や平均的な住民を基準にしてしまうと、距離にしても、時間にしても、災害弱者はそのとおりに避難することは困難です。そうすると、いろいろなタイプの災害弱者に対して、それぞれに合わせた個別の方法（オプション）が必要になります。それでは対策そのものが非常に複雑な構造になってしまって、きびしい条件下では、うまくはたらきません。

災害弱者を基準とした対策を考えてみましょう。それだと、地域社会全体に当てはまるものとして運用できます。特別なオプションを設ける必要はありません。文字通りの災害弱者はもちろんのこと、そのときにあなたがなるかもしれない「突発的な災害弱者」にも対応が可能です。なぜなら、時間にしても、距離にしても、健常な方々にも実施可能な基準だからです。

私はむしろ、健常者、とくに元気な方々の対策こそオプションとするとよい、とさえ思っています。そのような方々は遠くの避難場所でも到達できますので、近場の避難スペースに余裕がない場合には、災害弱者に場所を譲ることもできますし、ある程度のリスクを負って災害弱者を支援することもできるからです。自由度の狭い人を基準として、広い人を例外とするのです。

5　こころのつながりを守る

地震・津波対策では、「1人でも多くの命が助かるように」と言われますが、果たしてそうでしょうか。確かに理屈はそのとおりかもしれませんが、第三者だから言える「きれいごと」のように聞こえます。学者や行政が統計の数字を見て言う結果論です。

たとえば、100人の小学校児童の避難を考えてみてください。ある学校では、残念ながらそのうちの30人の子どもが犠牲となってしまいました。別の学校では犠牲が3人でした。このときに、犠牲が3人だけで済んだ小学校に、「多くの命が助かってよかったね。対策が効を奏したね」と、あなたは言えますか？　第三者なら、30人と比較して「よかった」と言えるもしれません。でも、当事者とその周囲の人たちは絶対に言えません。1人でも子どもの犠牲が出てしまったら、その避難は成功ではないからです。その集団にとって、子どもたちの命はこころのつながりとして全体で一つなのです。そのつながりが失われた悲しみは、何人助かったから癒えるというものではないのです。もちろん、最悪を考えれば、子どもたちのほとんどが助かったことはよかった。しかし、それは数字としての結果の話です。

対策にあたって重要なのは、被災する地域住民にとってもっとも大切なこころのつながりを守るという視点なのではないでしょうか。「1人でも多く」ということを強調するのは、あえて言うなら、弱肉強食的なポリシーのように思えます。

6　災害に備える三つの基本

ここで、災害という危機に立ち向かうときの基本的な考え方を示します。

❶ 弱者を基準に考えましょう

中でも、いちばん悪い状態や弱い立場の人を基準にします。

❷ 冗長性を担保しましょう

冗長性とは、余分や代わりがあることです。AがダメならBを使う、BがダメならCがあるというふうに、何事にも代えがあって、たとえ一つがダメになっても、それですべてが止まってしまうことのないようにします。そうすると、安心して一つのことに全力を注げます。災害弱者は、選択肢が一つしかない勝負に勝つことが難しいからです。

❸ 最悪の状態を想定して悲観的・批判的に準備します。いざとなったら、楽観的に自信をもって行動しましょう

これは、初代内閣安全保障室長で危機管理評論家の佐々淳行氏の著書★からいただいたものですが、危機管理の基本です。たとえば、医療や看護の現場では、いわゆる「想定外」など日常的にいくらでも起こります。看護師はそのときに、泣くことも、頭が真っ白になることも許されず、何とかしなければなりません。そのためには、最悪の心づもりと準備が必要です。災害は非常事態です。想定を超えたことがいくらでも起こるでしょう。ですから、前もって最悪を基準として対策を考えることが重要なのです。あとは、自信をもってそれに全力を注ぐだけです。それ以上はできないからです。

これから進めていく地域の地震・津波対策のお話も、この三つの基本を土台に進めていきたいと思います。

★佐々淳行『定本　危機管理：我が経験とノウハウ』（ぎょうせい、二〇一四年）

第3章

東日本大震災で実際に起こったこと

対策の話に入る前に、まずは、教訓とすべき東日本大震災の津波被災地の現実を学ぶことから始めましょう。

1　津波被災範囲の大きさを知る

東日本大震災では多くの市町村が被災しました。しかし、その状況を理解するには、市町村といった行政単位ではなく、地区や集落といった住居のまとまりを単位とするほうがわかりやすいようです。みなさんは、津波被害を受けた地域の大きさをご存知ですか。あまりにも激しい被災の姿から、とてつもなく広大な面積と思ってはいないでしょうか。

横が1・5キロ、縦が1キロくらいの範囲を想像してみてください。地方では、だいたいこれくらいが一つの集落の単位です。都市部だと、町としてイメージされるのがこれくらいでしょうか。ふだんなじみのある生活範囲です。

この大きさを被災地に当てはめてみましょう。居住範囲の形がまちまちなので大雑把な計算にはなりますが。たとえば釜石市の市街地の津波被災した範囲は、だいたいその大きさと同じです。防災庁舎の悲劇★で知られる南三陸町志津川地区の被災範囲も、奇跡の一本松で知られる陸前高田市の水没した市街地もほぼ同じです。気仙沼市の市街地はその二倍くらいです。ちなみに、南海トラフの大地震での被災が心配されている三重県尾鷲市の市街地も、ほぼ同じ大きさです。

意外に小さいと思われたのではありませんか?

以下、津波被災地での避難の実際をみていきましょう。

2　釜石の奇跡が教えること

逃げきった子どもたち

東日本大震災では、釜石市鵜住居《うのすまい》地区の子どもたちが、津波からいち早く逃げて助かったという明るいニュースをご記憶の方も多いと思います。釜石市立鵜住居小学校と同釜石東中学校の子どもたちです。群馬大学理工学部の片田敏孝教授の8年間にもおよぶ地道な研究と指導、そして、子どもたちや先生方の努力の結果です。実は、この避難の中身に、災害弱者の津波避難を考える上での重要な手掛かりが含まれています。

子どもたちは、大きな地震で構内放送が使えないなか、日ごろの訓練どおりに即座に率先して避難を開始して、決めてあった避難場所まで達しました。しかし、そこでも身の危険を感じてさらに避難を続け、辛くも津波から逃れました。本当にぎりぎりのところだったそうです。

多くの命を救った教育と行動に高い評価が集まりましたが、ここで注目していただきたいのは、その避難の距離と時間です。小中学校から、子どもたちが辛くも逃げきった津波の浸水限界までは、道なりで約800メートルです。少し長めにみても1キロくらいです。鵜住居地区はリアス式海岸で後ろは山

★防災庁舎の悲劇

南三陸町の津波対策庁舎は鉄筋三階建てであったが、東日本大震災の津波は予測の6メートルをはるかに超えたために、多くの職員が犠牲になった。最後まで町民の避難を呼びかけた女性職員の「命がけのアナウンス」で知られる。

ですから、それだけの移動で標高20メートル以上の高さを獲得できました。津波は、子どもたちが避難を終えた場所のすぐ下で止まりました。

津波は地震から約40分後に到達したと思われます。子どもたちは、普段から十分な理解と訓練を積んでいて、すばやく行動しましたから、時間のロスはほとんどなかったでしょう。それでも、避難の列の最後尾付近の子どもたちは、津波に呑み込まれる寸前だったそうです。

避難距離800メートル

私はこの避難の成功に感動する一方で、津波避難というものの現実を知って青くなりました。釜石市は、子どもたちの津波避難の能力を高めるための教材を巧みに各教科に取り入れた教育プログラムを片田先生と作り上げ、それを実行に移して公開しています。震災後のニュースでひとりの中学生が、「私たちは週に一度、本気の訓練を重ねてきました。だから助かったのだと思います」と話しました。つまり、それくらい優れた教育を長い期間受けて、一週間に一度の本気の訓練を重ねた、防災意識が非常に高くて元気いっぱいの子どもたちでさえ、800メートルを逃げるのがやっとだったのです。現実の津波避難とは、それくらいにきびしく困難なのだということです。この800メートルという距離は、ぜひ記憶していただきたいと思います。

大震災前の防災マップでは、鵜住居地区の小中学校は津波による深い浸水は想定されていませんでした。しかし、実際の浸水は約10メートルにも達し、校舎の三階くらいまで水没しました。屋上に逃げても助かったかもしれませんが、それは結果論です。片田先生が外部への避難を指導したのは、海に近く、津波の想定では避けることのできない大きな予測誤差から最悪を考えたことと、避難距離に比例して高さを獲得できる鵜住居地区の地形的な特徴、そして子どもたちの身体能力や訓練の達成度などを考えてのことでしょう。

なぜ裏山に登らなかったのか

もうひとつ、気づいておられる方もいるかもしれませんが、鵜住居の小中学校のすぐ後ろは山です。子どもたちが避難した道のすぐわきにもずっと山が続きます。この学校の立地や大震災前の浸水想定は、大きな悲劇が起こった宮城県の石巻市立大川小学校★とよく似ています。裏山の傾斜もほぼ同じです。それならばなぜ、すぐに高さをかせげる裏山に逃げなかったのでしょうか。なぜ前もってそのような訓練をしなかったのでしょうか。

★石巻市立大川小学校の悲劇
避難途中の児童78人のうち74人と、教員13人のうち10人が、新北上川を遡上して堤防を乗り越えた津波に巻き込まれて犠牲になった。校舎の近くに短時間に到達できる安全度の高い避難場所がなかったことと、避難判断が遅れたことなどが被害を大きくしたとされる。

これは推測ですが、山の斜面の傾斜が30度以上あって、子どもたちが登るのは容易ではないことと、登るための道もなかったからでしょう。30度以上の斜面は急傾斜崩壊危険地に指定されるような崖です。道がないなら造ればよさそうなものですが、避難のために斜面を造成して階段をつけるなら、その先に大人数が入れるだけの避難広場も設けなければなりません。避難後にそこから安全地帯に移動できる道路も必要ですし、それが難しければ孤立しても生き延びるための備蓄設備も必要です。大きな資金が必要となります。また、山の急斜面は地震で崩れる可能性がありますので、積極的には活用しにくい面がありますもしものときに代わりとなる避難方法を準備しておく必要がありますが、結局、それは子どもたちが逃げた経路です。

小中学校の避難は、「1人も欠けてはならない」のが前提で、そのためには、まとまっての行動が必要です。先生が全体を統率できずにバラバラになると、子どもひとりひとりの判断になってしまい、危険への対応が困難になります。とくに小学校では、子どもたちの年齢差が大きいですから、集団でまとまって不整地の斜面を登らせる方法を選択するのは現実的ではありません。

このように、鵜住居の子どもたちの避難から学べることはたくさんあります。これを奇跡だけにおわらせずに、災害弱者を守る対策に活かしたいと思います。

（写真：平成 23 年 3 月 14 日撮影、アジア航測株式会社提供）

図６　南三陸町志津川地区の津波被災状況
1 キロ以内で到達できる避難場所が整備されていたが、多くの犠牲者が出た。

３　避難の現実を知る

津波到達までの30～40分という時間の中で、子どもたちがやっと逃げることができた８００メートルという距離を考えながら、実際に地域で起こったことをみてみましょう。

宮城県南三陸町志津川地区

宮城県南三陸町志津川地区の中心部は、南側が志津川湾で、それ以外を山に囲まれています。山ぎわの小高いところに小学校、中学校、高校、緑地公園などがあり、それぞれが避難場所でした。また、街中にある公立病院や海岸に建設された町営住宅も避難場所として使えました。

津波はそれぞれの学校の敷地の手間まで押し寄

せました。海辺から小学校まで700メートル、高校まで800メートル、いちばん遠い中学校までは1キロくらいです。それなのに、浸水範囲内に暮らしていた住民の100人のうち5人以上が亡くなっており、町全体では500人以上の犠牲者が出ました。

志津川は大きなリアス式湾の奥にあり、海岸から1キロ内陸に入っても標高が2メートル程度しかない土地ですので、津波による大きな被害が十分に予想できていました。ですから、住民の防災意識が非常に高いことでも知られ、避難訓練を含む対策も充実していたはずですが、このような被害になりました。

岩手県陸前高田市

岩手県陸前高田市は気仙川の河口に位置します。浸水範囲は海岸から最大で1・5キロくらいですが、海岸や河口付近には住居が少なく、集落は山際にありました。ここも志津川と同じく市街地の標高が1・5メートルくらいしかありませんので、高い津波が押し寄せる可能性があることは理解されていました。

市街地のすぐ裏が山なので、そこで津波は止まっています。800メートルより短い移動でほとんどの住民が浸水範囲を脱出できたはずですが、実際には浸水範囲に暮らす住民の1割以上の方々が亡くなっています。町全体の死者も1千500人を超えました。

以上みてきたように、津波浸水範囲は、私たちがふだん感覚的にとらえている比較的狭い範囲であったにもかかわらず、多くの住民の命が失われてしまったのです。この事実から、私たちが十分に学ばなければならないのは、このような狭い範囲、短い距離であっても、津波からの避難という行動は、現実には非常に難しいということです。

「釜石の奇跡」の子どもたちの８００メートルは、非常に重い意味をもっています。子どもたちの答えを、もう一度思い出してください。「私たちは、週に一度、本気の訓練を続けてきました。だから助かったのだと思います。」この子たちだから助かったのだ、ということに気づく必要があります。

最近、東日本大震災で逃げて助かった方々のデータから、「８００メートル程度を逃げれば助かるから、そこに避難場所を置け。とにかくそこまで逃げろ」という言葉を耳にします。しかし、よく考えてみてください。**８００メートルを逃げられない人が犠牲になったの**です。それが地震・津波避難における災害弱者の現実の姿なのです。

4　人間的な理由

なぜ逃げ遅れるのか

東日本大震災では、多くの方が「逃げ遅れて」犠牲になったとされています。でも、それは本当でしょうか。単純に「逃げ遅れた」という理解で、だから「とにかく逃げろ！」でよいのでしょうか。ここでは、なぜ逃げ遅れたのかについて少し考えてみたいと思います。

「逃げ遅れた」とは、津波が自分のところまで来るまでの間に安全な場所への移動ができなかったことですが、その理由は様々です。避難が必要との判断ができなかったり、判断が遅れたりしたのかもしれません。情報が十分に得られなかったためかもしれません。逃げる判断を下してすぐに行動に移るのは、言うのはたやすいですが、実際には難しいものです。逃げる判断はしたけれど、地震に伴う混乱があったかもしれませんし、避難を開始したけれど、速くは歩けなかったのかもしれません。だんだんと疲れてきて、精神的にも追いつめられたのかもしれません。

避難をあきらめた人たち

こころの問題もあったでしょう。最初から避難をあきらめていた人もいましたし、そのような人を説得して避難させるのに時間がかかった、あるいは結局避難させることができなかったという話も伝わっています。しかし、あきらめた人が一方的に悪いわけではありません。避難をあきらめる判断をした背景には、様々な思いがあるからです。からだが自由にならずに、避難場所に到達するのは自分にはとても無理だと思われたのかもしれませんし、いっしょに逃げる家族や援護者の足手まといになりたくないと思われたのかもしれません。避難した後の生活の困難を思ったのかもしれません。置いていけない人がいたのかもしれません。いずれにしろ、逃げることを躊躇あるいは放棄したことを、単純に批判することはできません。様々な思いで生きているのが人間だからです。

一言で「逃げる」といっても、距離や時間、地形、体力や心理、病気、人間関係など、その行動には様々なことが関係しています。災害弱者はいろいろな条件に対応できる力が小さいですから、実際に逃げられるかどうかについては、多面的かつ総合的に検討されなければなりません。住民の立場になって、その時にできることは何か、最善の判断ができるための拠りどころを示す必要があるのです。様々な状況を慎重に検討するなかで、はじめてひとりひとりの「逃げ方」がみえてきます。このような検討を抜きにして「とにかく逃げろ！」と呼びかけることは、避難対策とは呼べません。それは「逃走」のすすめです。そして逃げきれるかどうかの結果は、イチかバチかの博打でしかないのです。

第4章

災害中の避難

津波避難のむずかしさについて、少しずつイメージできるようになってきたでしょうか。強い人だけならば、逃げきるための競走でもよいかもしれませんが、災害弱者はそうはいきません。災害弱者が最善の策を取れるようにするためには、避難という人間の行動についてよく知る必要があります。本章では、避難の実際について科学的な事実をもとに、考えてみましょう。

1　災実避難の三つの型

災害避難は、大きく三つの型に分けることができます。

災害前の避難

台風や火山噴火が予測されたようなときの災害前に行なわれる避難です。先の御嶽山や口永良部島の噴火は突然のことでしたが、前ぶれがあり、危険度についてある程度の情報を得ることができるので、事前に行動を起こすことが可能です。避難を完了する時間もあります。緊急度は比較的低く、避難の環境や条件もいいと言えます。

災害後の避難

災害発生後の避難です。通常の地震やゲリラ豪雨による土石流などが起こった後の避難です。これは突然に起こってしまった危険な状況から脱出するものです。再び同じ災害が起こる可能性もありますが、それ以上に状況が悪化することはまれなので、比較的時間の余裕がある、中程度の緊急度の避難です。ただ、環境条件は非常に悪いことが多いのが普通です。

災害中の避難

災害襲来中に行動を起こさなければならない避難です。地震・津波災害が典型です。まず地震という災害で痛めつけられている状況の中で、まったく性質の異なる津波という災害が目前に迫ります。環境は悪くなる一方ですし、時間もありませんので、非常にきびしい避難になります。

2　あなたならどうしますか？

現実の避難開始について、さらに現実感をもっていただくために、小学校などで先生方にお話している例を紹介しましょう。

真冬の昼休みに大地震が発生したとしましょう。校舎や校庭に散らばって遊んでいる子どもたちから悲鳴が上がりました。あっという間に停電して校内放送が使えません。東日本大震災でも、そのようになった学校がありました。行政との電話や無線もつながらず、何の指示も来ません。行政もひどく被災しているのでしょう。校舎が歪んでドアが開きません。窓ガラスが粉々に砕けました。数人の子がケガをして、２名は大出血しています。意識を失って倒れている子もいます。多くの子が泣いていて、おしっこを漏らしている子もいます。先生も数人がケガをしています。なんと、校長先生は亡くなってしまいました。教頭先生は出張で不在です。ラジオが大津波警報の発令を伝えています。30分後に津波が来るとのこと。何人かの親が来校して、子どもの引き渡しを求めています。先生は、どうしたらよいでしょう？　あなただったらどうしますか？

小学校の子どもたちは災害弱者です。そして、このような状況では、あっという間に先生自身も災害弱者になるのです。これらの状況を、家庭に当てはめて考えてみてもよいでしょう。東日本大震災でも、これに類似したことが多くの学校や地域で起こったのではないでしょうか。人が容易に逃げ遅れてしまう姿がイメージされてきましたか。

3　地震・津波避難の全体像

それでは、実際の避難について詳しくみてみましょう。ただ、いきなり避難訓練のような姿を思い浮かべてはいけません。忘れてはならないのは、避難するのは理想的・抽象的な「人間というもの」ではなく、「生身の人間」だということです。しかも、ここで対象としているのは災害弱者です。みなさんも、ご自身やご家族のからだやこころ、そして生活している地域の様子を思い浮かべながら考えてください。

みなさんは、一度くらいは避難訓練に参加したことがあるでしょう。「避難が必要になったときのために、指定避難場所まで行ってみましょう」というのが普通の避難訓練です。その場合、だいたいは大成功で終わっているのではないかと思います。しかし、実際の地震・津波避難の現実は、おそらく、そのようなものではありません。

地震が起こったとき

まず震度6とか7の大きな地震が起こります。激しい揺れから自分や家族の身を守るのが精一杯です。東日本大震災が発生したとき、私は群馬県の大学の建物の五階にいましたが、三分くらい激しい揺れが続いて、避難行動どころではなく、本棚が倒れないように必死に支えているのがやっとでした。

トラフを震源とする本震のすぐあとには大きな余震もあるでしょうから、少なくとも最初の5分から10分くらいは、身を守ることに専念しなければならない時間と考えなければならないでしょう。

耐震化などの地震対策についてはすでにたくさんの成書がありますので、ここでは特に触れません。ただ、どんな耐震補強をしても完璧ということはありませんので、室内ではすべてのものが落ちたり倒れたりすると考えて、それでも少し安全度が高いと思われる場所を知っておくと有利です。もし、そのような場所がなければ、家具を少し動かすなどして、小さなエリアを作りましょう。そして、「あぶない！」と感じたら、そこにすばやく移動する練習をしておきます。すばやく動けない人は、家具などが倒れても下敷きになりにくいところを生活の主な場所や寝る場所とします。幼稚園・保育所などでは、そのような場所を赤テープで示しておいて、「こわい!」と感じたらそこに走り込んで来る練習をしておくとよいでしょう。

かえって危険な〝だんご虫のポーズ〟

ここで、地震による落下物や転倒物から子どもたちのからだを守るために、保育園や幼稚園で指導されることが多い〝だんご虫のポーズ〟について触れておきたいと思います。

このポーズは、正座をしてかがみこんで頭を両手で抑えて丸くうずくまる体勢です。人間にとって大切な頭を守るためとされます。しかし、少し問題があるようです。頭は大切なところなので、丈夫な骨(頭蓋骨)で覆われています。一方、呼吸や循環などの生命維持に重要なはたらきを担っているのは脳の延髄で、頭の後ろで首から少し上の奥にあります。実は、だんご虫のポーズをとると頭が下がってこの部分が骨に覆われなくなってしまい、外からの衝撃を受けやすくなるので危険なのです。頭で最優先に防御しなければならない部分はここなのに、子どもたちの「だんご虫」ではそれができていません。むしろ、大事なこの部分をさらけだす「打ち首」の体勢になっています。

脳から出た中枢神経は背骨(脊椎)の中の脊髄を通っていますので、背中を打撃の危険にさらすことは得策ではありません。とくに、首の骨である頸椎を損傷すると、延髄からつながる神経を傷つけてしまい、最悪の場合、首から下が麻痺してしまいます。大事なのは頭だけではないのです。

両手で頭の上の方を覆っても、強い打撃を受ければ簡単に手の骨が折れてしまいますので、頭を守ることにあまり貢献していません。だんご虫の体勢は、それだけでも胸を圧迫しますが、そこに落下物や転倒物が乗ってしまうと、さらに圧迫が大きくなり、すぐに呼吸ができなくなってしまいます。この体勢で何かの下敷きになってしまえば、子どもたちは動きがとれません。

落ちたり倒れたりしてくるものがないことを確認してからこのポーズをとるように指導することもあるようですが、そのような状況ならば、そもそも「だんご虫」になる必要などありません。だんご虫のポーズは、進退きわまって打撃が避けられない状況での最後の防御体勢ですが、一般的な方法とするには問題があるということです。

それならばどうしたらよいかというと、だんご虫のポーズのまま90度横に転がってください。首をすくめて両手を首の後ろで組んで、肘で顔をしっかりとはさんで保護します。顔は少し下を向いて、細かな落下物から目を守ります。ふとももをしっかり引き寄せてお腹を保護します。こうすれば、頭や背中の大事な部分を直接的な衝撃から守れますし、たとえ何かの下敷きになったとしても呼吸が確保され、にじり動いての脱出の努力もできます。

本物のダンゴムシは、丸くなって、しっかりと頭と体を保護しています。そのイメージだけを真似しても、かえって危険を招きます。それではダンゴムシに失礼というものです。

さて、最初の危機がなんとか落ち着いたら、情報を得て判断し、これからどう行動するか決断する段階になります。ラジオやテレビやインターネットなどから、震源はどこで、規模はどれくらいで、津波はあるのかないのか、あるとすればどれくらいの津波があとどれくらいで来るのか、といった情報です。自治体からの防災情報の伝達もあるでしょう。家族の安否確認も必要となるでしょう。

これらの情報取得と判断には、少なくとも3～5分くらいはかかるとみるべきです。ただ、津波については、まだ正確な情報が得られない可能性も高いです。また、自治体の防災無線やスピーカーが壊れてしまった可能性もあります。家族との連絡もすぐにはつかないかもしれません。ですから、明らかに普通とは違う地震を感じたならば、とりあえず避難行動を開始してしまう必要があります。それでもどうしてもある程度の時間がかかってしまうのが人間というものです。この「なかなか思うようにはいかない時間」を考慮に入れるのも、災害弱者の避難では重要です。

家を脱出するとき

次は、避難移動を決断して建物を脱出する段階です。同じ建物内に避難する場合には、今いる場所からの移動です。これが簡単に見えて一筋縄にはいきません。地震が起こるのを待ちかまえていたのなら脱出準備が整っているでしょうが、世の中、そんな人はひとりもいません。その時にお風呂に入っているかもしれませんし、インフルエンザの高熱で寝込んでいるかもしれません。

都合よく明るい時間であるとは限りません。大地震で部屋の中はしっちゃかめっちゃかで、あなたや家族は、家具の下敷きになっているかもしれません。一日の半分は夜ですし、４日に１日くらいは雨なのです。

防災訓練は、自衛隊や消防、警察といった危機対応のプロ集団でもないかぎり、週末の昼間しか実施されません。しかも「今年も天気が良くてよかったな」といった定例のイベント感覚です。行政の災害訓練も、多くは９月から11月といった気候のよい時期の昼間に行なわれます。しかし、地震・津波は人間の都合などまったく考えてはくれません。すべて不意打ちです。阪神淡路大震災は１月17日の明け方５時46分という、人間のからだの活動がもっとも低下する時刻に発生しました。夜に発生して即座に停電すれば、真っ暗な中での避難になります。寝ている状態からの避難の開始は、昼間とはくらべものにならないくらい困難です。

真冬の雨の午前３時に大地震が発生して、停電してしまいました。家の中も街中も真っ暗です。あなたも家族も熟睡していました。さあ、あなたはすぐに着物を着ることができますか？　メガネはどこにありますか？　コンタクトは入れられますか？　入れ歯は着けられますか？　財布は持っていますか？　靴は履けますか？

いくら防災持ち出し用品が準備してあっても、人は着物を着て靴を履かないと逃げられません。私もコンタクトレンズを入れないと動けません。これらの準備が整うまでに、どれくらい時間がかかるでしょうか。どんなに急いでも５～10分くらいはみておく必要があるでしょう。

北海道南西沖地震★での奥尻島の何人かの住民のように、取る物も取りあえずに着の身着のままで駆け出すことも可能かもしれませんが、そのためには、それ相応の覚悟と体力が必要です。災害弱者には困難でしょう。

避難するには正確な情報がほしいものです。しかし、災害の規模が大きければ大きいほど、被災者には情報が届きにくくなります。ラジオなども使い慣れていないと、そのときにうまく受信できないかもしれません。また、情報の内容と現実との間にはどうしても差が生じます。情報そのものが正しくない可能性もあれば、こちら側が間違って理解してしまう可能性もあります。

避難移動するとき

そしていよいよ避難移動になります。しかし、ここでも避難訓練のようにすんなりとはいかないと考えたほうがいいでしょう。通り道には避難移動のじゃまになる想定外のいろいろな障害物が現われているかもしれません。家屋や塀が倒れたり屋根瓦が落ちたり、地面が変形したりして、意図した避難路が通れないかもしれません。電柱が傾いて電線が切れて垂れ下がっていれば、触れると感電の危険があります。

日本の沿岸部は河川からの堆積物で形成された土地が多く、埋め立て地もたくさんあります。そのような地域は水分を豊富に含む軟弱な地盤ですから、地震の揺れで土壌と水分が分離して**液状化**という現象が起こりやすくなります。液状化が起こると土地が大きく変形して、道や橋や建物が壊れやすくなります。東日本大震災でも、多くの橋や道路に被害が出ました。道や橋が変形すると、たとえその程度が小さくても、災害弱者には大きな障害物になってしまいます。車も簡単に動けなくなります。水道管やガス管が破損すると、二次災害の危険が生じます。つまり、道路という設備は、被害の大きさ自体はそれほどでなくても簡単に使えなくなる、という性質をもっているのです。

これら障害の発生はある程度予想できるので、地域の危険マップなどが作られていますが、すべては予測しきれませんし、障害は同時に数多く発生する可能性がありますから、事前に対策を打って解決するには限界があります。

夜間に停電して真っ暗になったり、悪天候だったり、火災や大規模な家屋の倒壊が起こったりすると、この先に発生している障害物の発見が遅れがちになります。下手をすると、障害物の直前まで気づかずに、時間的にも進退きわまってしまうことさえあるでしょう。慣れているはずの場所でも景色が大きく変化して、方角を失ってしまうこともあります。たまたま不慣れな場所で大地震に遭遇すれば、この可

★北海道南西沖地震
１９９３年７月12日午後10時17分に北海道南西沖海底で発生した地震。地震から数分後に震源に近い奥尻島を大津波が襲い、多くの犠牲者が出た。とくに大きな被害を受けた島の南部の青苗地区では、地震後に短時間で襲来する津波対策が進められ、全国のモデルとなった。

能性はもっと高くなります。

交通の様子も大きく変化します。逃げようとする人や車が一か所に集中したり、停電で信号が消えたり、狭い道で事故が起こったりすると、渋滞がみるみる拡大してある地域の交通が完全に麻痺してしまいます。いわゆる**グリッド・ロック**(glidlock)で、にっちもさっちもいかない状態です。みんな、「逃げたい道」は同じなのです。

また、避難の途中で強い余震に見舞われるに違いありません。ケガをしたり持病が悪化したりするかもしれません。しかも、強い精神的ストレスの中での移動になりますので、次第に体力と気力が低下していく恐れがあります。そうなると、ふだんよりもむしろ余計に時間がかかってしまうことを覚悟しなければなりません。

避難場所に到達するとき

やっと避難場所に着きました。しかし、ここでもまだ問題が待っています。避難してくる人でごったがえしていて、すんなりとは建物に入れなかったり、上の階に上がれなかったりするかもしれません。とくに、行政指定の避難場所のように多くの人が集まる場合には、到着順が遅くなればなるほど不利になります。あなたが先頭とは限らないのです。

4　実際に使える時間

大震災では、これらの避難の過程が激しい余震が続く中で行なわれるのです。東日本大震災は、平成23年３月11日の午後２時46分に起こりましたが、その当日だけで余震が１５６回ありました。平均すると、実に１時間に17回、４分に１回になります。その中には震度５以上の地震が13回ありました。当時の私の携帯電話のデータを見ると、緊急地震速報の受信記録がずらっと並んでいます。あの独特の警報音が耳にこびりついてしまうくらい、異様な状況でした。

このようにみてくると、実際の地震・津波避難は、想像以上に時間がかかる可能性が高いことがおわかりいただけると思います。さらに、災害弱者の避難では、それぞれの段階でその人その人に特有の困難もありますので、さらに余計に時間がかかってしまうことを覚悟しなくてはなりません。非常におおざっぱな計算になりますが、地震から津波まで１時間あるとしても、実際の避難移動に使える時間は、半分の30分くらいではないでしょうか（図７）。

地震から身を守りながら情報を得て家を脱出するまでや、避難場所に到達して安全な位置に身を置くまでには、津波到達までの時間に関係なく、ある程度の時間が絶対的に必要です。したがって、津波の到達が早ければ早いほど、純粋に避難移動だけに使える時間は短くなっていきます。心配される南海ト

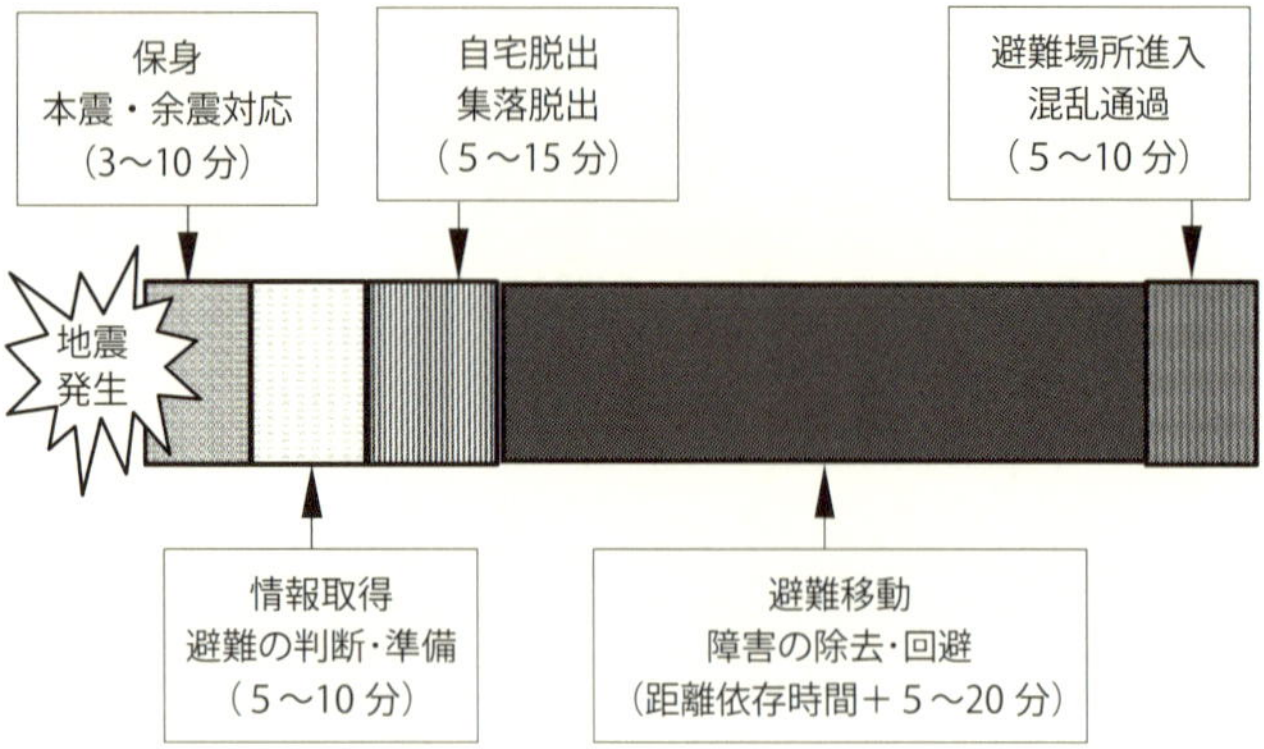

図７　地震・津波避難に必要な時間

ラフ地震では、津波到達の予測時間が10分程度という地域がたくさんあります。そういうところでは、避難移動できる時間は、あっても数分というのが現実です。

このような実際の避難の仕組みが、どれだけ一般の方々に認識されているでしょうか。災害ではありとあらゆる「不都合なこと」が複合して起こるのが普通です。そうなったとき、危険が真っ先に顕在化してくるのが災害弱者なのです。

逃げたくても逃げられない**複合的な不都合にどう対処したらよいか**ということを考えていく必要があるのです。

5　避難する人間の問題

地震・津波避難に伴ういろいろな問題について、さらに細かくみていくことにしましょう。

足の速さを知る

避難するには歩かなければなりませんので、まずは災害弱者が「歩くこと」から始めます。

多くの自治体で津波避難場所が設定されています。そこまで逃げれば一応の安全が確保されるという目標地点が示されているわけですが、津波避難は目標が決まれば済む問題ではありません。避難目標があるということと、到達できるということとは別だからです。

まず、どれくらいの速さ（速度）で逃げ（られ）るのかと、どれくらいの道のり（距離）を逃げ（られ）るのかが問題となります。津波避難の場合は使える時間がかなり限られますので、この速度と距離の二つの数字と、避難目標との関係が非常に重要です。

一般に、健常者の歩く速度は１時間に４キロくらいと考えることが多いようです。成人が少し余裕をもって歩く速度とすれば、これくらいが妥当でしょう。私は駅から大学まで歩くことがありますが、計ってみるとほぼこの速度です。この速度でなら２キロ以上歩けると思います。

住宅物件の広告などで「駅から何分」と表示しているのは、１分あたり80メートル、すなわち時速４・８キロで統一されているそうです。これは若い人が早足で歩く時の速度です。私も不可能ではありませんが、がんばって１キロ続けるのが限度です。この速度で３キロ以上歩かなければならない津波避難を設定した自治体行政がありますが、高齢者が多い住民のことをまったく考えていない証拠です。こうした対策では災害弱者の命は守れません。

災害弱者の歩く速度はどれくらいでしょうか。いろいろな方がいらっしゃいますので一概には言えませんが、健常者の半分、すなわち1時間に2キロくらいがひとつの目安です。これだと、1キロを30分、100メートルを3分、約33メートルを1分ですので、かなりゆっくりです。保育園の子どもたちを歩かせてみると、だいたいこれくらいの速度です。

ただし、この速度さえも無理な災害弱者が現実にいらっしゃるということを忘れてはなりません。ですから、この数字はあくまで目安であって、災害避難の基準値に設定すべきではありません。

避難の基準をどこに置くかは、避難の成否にかかわる重大な問題ですので、少し詳しく考えてみましょう。

強者と弱者

ひとつの地域を思い浮かべてみてください。そこでは様々な人々が暮らしています。身体の強い人も弱い人もいます。足の速い人も遅い人もいます。動くことが難しい方もいます。

足がとても速い人も、とても遅い人もいますが、人数はそれほど多くはないでしょう。比較的速い人と、比較的遅い人はもう少し多く、そして、きっと中間くらいの速さの人数がもっとも多くなるでしょう。その人数の分布をグラフにすると、山の形になります。これを統計学の言葉で正規分布と言います。

普通の社会集団について、そこに暮らす人々の一般的な性質を調べると、だいたいこういう分布の形になります。

それでは、このような人々の集団の避難を考えるときに、どのような人の、どのような速度を基準にしたらよいのでしょうか。

平均値を基準にできるか

工学や社会学の専門家は、全体の平均の速度、すなわち平均的な人を基準にすることが多いようです。数学的にはそれが妥当かもしれません。一部の自治体もそのような数字を使っています。しかし、それでは平均以下の住民は助からない対策だと言っているようなものです。なんでもかんでも平均を使えばよいわけではないのです。

災害弱者の視点からの避難速度の設定は少し異なります。自分の力で避難しなくてはならない人の中で、**いちばん足の遅い人を基準にします**。その人を「残しては行けない」からです。これは山登りのグループ行動の考え方と同じです。速い人を基準にしてしまうと、遅い人がついていけなくなって、危険が大きくなってしまうのです。速い歩みは遅くできますが、遅い歩みを速くするのは現実的には不可能です。

整数倍か、分数倍か

いちばん足の遅い人を基準にすることには、別のメリットもあります。速い人は、基準の倍数で考えることができることです。「自分はあの人の1倍半か、あるいは2倍くらいで行けるな」といった具合で、具体的にイメージするのが簡単です。いちばん遅い速度、すなわち最悪を基準にしていますので、少しくらい予測や判断が間違っていても致命傷にはなりません。

一方、より速い人や平均的な人を基準にしてしまうと、どうなるでしょう。それよりも足の遅い人は、自分の速度を分数で考えなくてはなりません。「自分はあの人の2分の1はちょっとむずかしいので、3分の1かな」といった具合で、イメージするのが非常にむずかしくなります。また、自分より速い値を基準にしていますので、予測や判断を間違うと致命的になりかねません。

自力では動けない人

自力での避難が困難だったり、自力ではほとんど動けなかったりする人についてはどうするのでしょうか。看護や医療の立場では、そういった方の避難には、まったく別の方法を考えます。補助者を配して車や担架を使ったり、外部への避難ではなく、自宅内や施設内での避難方法をとったりするのです。つまり、その人が実施可能な中で最適な方法をとります。この分け方は、学校で自力の移動が難しい子どもたちの避難にも適応します。児童生徒全員一緒が原則ですが、自力移動が難しい子どもたちに無理をさせると、かえって危険が大きくなってしまうからです。

このように、避難速度の考え方にも、逃げ遅れる要因が潜んでいることがわかります。そして、ここで記憶にとどめていただきたいのは、行政が指定するような**安全度の高い指定避難場所への避難だけが避難ではない**ということです。どんなに安全で立派な避難場所でも、時間的に、距離的に、体力的に到達できなければ、元も子もありません。

6　チャンピオンデータは使えない

1時間に4・8キロといった、平均以下の弱者では明らかに助からないような避難速度を平然と使う行政があることを先に述べましたが、そのような数字を「チャンピオンデータ」と言います。これは、天気がよくて涼しくて、住民みんなが若くて元気で、からだへの負担もこころへの負担もなく、不都合なことなど何ひとつ起こらずに理想的な避難が可能な場合に得られる数字です。「そうだったらいいのにね」といった値です。

みなさんが参加された避難訓練はどうでしたか?

もちろん、災害対策に訓練は必須です。ただ、一般的に実施されている多くの訓練は、「やりますよ」という事前予告がありますし、その地域の住民すべてではなく、災害に関心の高い元気な人しか参加しません。何度か繰り返すと、同じ顔ぶれであることがわかるでしょう。実際の避難で問題となるような、本当は訓練が必要とされる災害弱者はなかなか参加できません。天気が悪いと参加者の利便性を考えて中止になるか、内容が変更されます。危険やこころの負担がまったくない理想的な避難です。すべてがシナリオ通りに順調に進行して終わることがよしとされます。

最近では、シナリオなしの訓練もいくつかの自治体で実施されるようになってきましたが、その場合でも、危険やストレスが最小限になるように十分な配慮がなされています。夜間訓練も危険がないよう十分に配慮がなされています。参加者が転んで大ケガでもしたら、訓練の実施主体である行政の責任問題になるからです。そして、「よくできました。本番もこのようにがんばりましょう」という講評がなされて解散です。しかし、考えてみてください。現実にそのような良好な状況なら、そもそも避難などする必要はありません。

一方、現実の避難はどうでしょうか。事前通告など絶対にありません。３６５日24時間、昼も夜も、災害に関心があろうとなかろうとおかまいなしに、参加が強要されます。台風の中だろうが、吹雪の中だろうが、参加者の利便性など考慮されるはずもありません。理想的な避難は望むべくもありません。それでも、強い人たちならなんとかなるかもしれませんが、災害弱者は、訓練と本番のこのギャップを埋められないのです。

ですから、チャンピオンデータは、災害弱者の避難を考えるときには使えません。それどころか、それは「除外すべき数字」としたほうがよいのです。現実にはまったく使い物にならないどころか、危険でさえあるからです。そもそも、チャンピオンデータが使えるような人には、特別な対策など必要ありません。

7　転ぶということ

人間は歳を重ねるにつれて、若いときよりもからだを動かす自由度が小さくなっていきます。動かせる範囲が小さくなり、動きもゆるやかになります。正確さも低下します。そこで問題となるのが、**高齢者は転びやすい**ということです。ちょっとした段差につまずいたり、何かの拍子にバランスを崩したりしただけで、立て直せずに転倒します。地震・津波避難のように、道路の状態がよくないところで無理に先を急いだりすると、なおさらその可能性が高くなります。

さあ、そうなったら大変です。若い方のように膝をすりむいたくらいでは済みません。骨がもろくなっていることが多いですから、足や腰の骨が簡単に折れてしまいます。そうなってしまうと動くことは困難です。もし頭を打って脳に出血を起こしたりすると、即、命にかかわります。そういったケガがなくても、転んでしまうと精神的なダメージを受けてしまいます。転倒は、看護学では独立したひとつの研究分野となっているくらいに、医療現場では重大な出来事なのです。

若くて元気な方も安心はできません。避難の途中でつまずいて捻挫でもしてしまったらどうでしょう。もう、速く長い距離を歩くことはできません。「まさかそんなことが!」と笑われるかもしれませんが、その「まさか!」が起こるのが災害です。地震・津波そのものが、その「まさか」です。医療や看護の現場では、「昨日まであんなに元気だった人が…」などということは、珍しくもなんともありません。今日のあなたやご家族が元気でも、「そのとき」に元気である保証も、転ばない保証もないのです。

災害は将来の危機です。「誰でもが災害弱者になり得る」という常識を、どうか心に留めていただきたく思います。

8 なぜ徒歩なのか

災害避難では、徒歩で移動するのが基本とされています。自動車や自転車など、より速く移動できる手段があるのに、なぜなのでしょうか。

車は確かにとても便利な道具です。速い移動が可能ですし、天候の影響もほとんど受けません。一度に多くの人数も運べます。ただ、そのときに運転者がいないと動きませんし、燃料も必要です。避難は異常事態ですので、気持ちが焦って事故を起こしやすくなります。車は環境の悪化に弱いという特徴ももっています。人間よりもはるかに図体が大きいので、移動するために必要な面積も大きくなります。

道幅が狭いと通れませんし、一方通行でもない限り、もしすれ違いができないと、そこで交通が詰まってしまいます。障害物の発生による影響も大きく受けます。木が一本倒れていただけでも、通過不能になることがめずらしくありません。とくに大きな地震が起こると、そのような障害物の発生は避けられません。

車はひとたび動けなくなると、もはやそれは邪魔物でしかなくなります。車だけでなく人間も通れなくなるかもしれません。そうなると、自分だけではなく、多くの人たちに迷惑がかかります。交通量が多く、道が複雑な街中だと、一か所で発生した車の通過障害による渋滞が徐々に拡大し、ある地域全体の交通がマヒしてしまいます。グリッドロック（gridlock）と言います。にっちもさっちもいかなくなった状態です。災害時には停電で信号も消えますから、さらにそのようなことが起こりやすくなります。

一方、徒歩による避難は、移動速度は遅いですが、自由度が大きく融通もききます。渋滞が起これば、車より徒歩のほうが速いこともめずらしくありません。車では行けない場所にも行くことができます。ですから総合的にみて、津波のような緊急を要する災害避難では徒歩が原則なのです。

ただ、車でなくては避難できない人や、避難できない場所があることも事実です。移動が速く人数もたくさん運べるので、災害弱者の避難には非常に有効な手段です。ですから、一律に車の使用を制限するのではなく、有効に使うにはどうしたらよいかを検討するべきでしょう。その場合、地域によって事情が異なりますし、住民同士の理解と合意の上でのその地域限定の方法が必要です。使用しても交通障害の発生の可能性が非常に小さいか、起こっても制御可能である地域に限られます。

災害では自転車による避難もよく話題にのぼります。自転車は、徒歩よりも速くて小回りもききますので、ひとつの避難手段としては有力な手段です。ただ、基本的には単独での避難向きです。小学校児童の集団避難などには向きません。全体を統率することが難しいからです。

自転車は便利ですが、車両であることを忘れてはいけません。最近社会問題になっているように、人間が生身で扱うことが難しい速度が出せますので、平時でも時として大きな事故が発生します。ましてや、悪い条件の下での使用は、転倒や衝突などの危険がふだんより大きくなります。災害避難では、できる限りケガをする可能性を排除しなければなりません。適切な治療を受けられる可能性が小さいからです。さらに、自転車は、災害時のきびしい道路環境の中でもしも使えなくなったとき、今までの有効な移動手段から一転して、迷惑な交通障害物と化してしまいます。

避難手段はどれでもそうですが一長一短がありますので、利益と不利益、安全と危険のバランスを考えなくてはなりません。

9　一列縦隊の危険性

安全度の高い特定の公的な避難場所をめざした移動では、ひとつ注意しなければならないことがあります。住民の避難が一列縦隊になることです。ある集落では、行政が指定した避難場所に向かうとすると、避難の列が1キロにもなってしまうことが予測されます。一列縦隊の避難では、最後の人が出発して、その人がゴールしないと避難完了になりません。1キロの隊列だと、すべての人が通過するのに30分くらいかかります。つまり、1人だけの避難移動よりも人数分余計に時間をかけないと避難が完了しないということです。

避難する住民はあなただけではありません。子どもたちだけでもありません。お年寄りも妊婦さんも車イスの方も、車も自転車も、性質が大きく異なる人間の集団活動であることを忘れてはいけません。

一列縦隊の避難の不利な点はまだあります。もしも前方に障害物が現われても、容易に方向転換や目標変更ができないことです。災害避難は、恐怖に追われての集団移動なので、みんなの意識が前に進むことだけに集中していますし、一列の隊列は、距離や時間が延びれば延びるほど間延びして長くなっていきます。そうなると、障害物が現われたからといって簡単に方向転換はできません。それどころか、条件がそろえば将棋倒しになる危険さえあります。

とくに小学校の避難の場合は、先生が子どもたち全体を把握できなくなりますので、不測の事態への対応が難しくなります。ですから、時間が限られる地震・津波の避難では、できる限り長い一列縦隊での長い距離、長い時間の移動は避けるべきです。

小学校などの地震・津波避難の原則は、明らかに最上階まで浸水してしまう可能性が高い立地でもないかぎり、校舎から出ずに上層階に避難して、とりあえず子どもたちの**命だけは守る**ことです。どうしても外に出さなければならないときには、小さなグループに分けて移動させるとリスクへの対応がしやすくなります。

10　小さな遅れが積み重なると

地震・津波避難を困難にするのは物理的な問題だけではありません。精神的に大きく動揺することも、効率的な避難を妨げます。人間は動揺すると、まず目の前の被害や危険を回避することに集中してしまいますので、まだ見ていない危険に対する認識をなかなか強くもてなくなります。どうしても、「このひどい問題を処理してひと段落したい」とか、「これ以上のことは起こらない、起こってほしくない」とかいった気持ちになります。津波の場合、一つ目の大きな危険（大地震）の直後に種類のまったく異なる新たな危険（津波）が迫るわけですが、人間は二つの（しかも種類の異なる）危険について同時に評価することが難しいのです。これが、津波避難は事前に手順を十分に検討しておくべき理由のひとつです。

先にお話したような避難の途中の様々な障害物との出会いによって移動が遅れるしくみも、よく理解しておく必要があります。転ばないように慎重に乗り越えなくてはならないので、普段なら5秒で通り過ぎるところでも、何秒か余計にかかってしまうでしょう。障害物が少し大きかったりすると、意外に長い時間をロスします。たかが５秒や10秒と思うなかれ、大地震後の避難路では様々な障害物が発生していますので、ちりも積もれば山となります。加えて、そのような障害物を乗り越えるたびに、精神的にも肉体的にも疲れがたまっていきます。

障害物がとても大きいと、もはやそれ以上進むことができなくなって、他の道に迂回せざるを得なくなるでしょう。みなさんがお住まいの地区の地図を思い描いてください。一度迂回すると、どれくらい余分な距離が必要になりますか。場所にもよりますが、１００～４００メートルくらい必要になることが普通です。私が住んでいるような田舎ですと、下手をするともっと長い距離が必要になります。ですから、迂回すると５分や10分はすぐに余計かかってしまうのです。それ以前に、みなさんは、どの経路がもっとも短くてすむか、わかっているでしょうか。

そういった小さな不都合が積み重なっていくと、知らぬ間にどんどん時間が過ぎてしまい、はっと気づくと、予定の半分も行けていないということになりかねません。夜、停電の中での避難となると、移動の速度は目に見えて落ちます。雨や雪など気象条件が悪ければもっとかかります。まさか、夜中の雨の中での避難訓練をしたことのある人はいないでしょう。でも、一日の半分は夜ですし、地域にもよりますが４日に１日くらいは雨なのです。ですから津波避難の道は、単純な歩行だけでも避難訓練の倍くらいは時間がかかると考えておく必要があります。

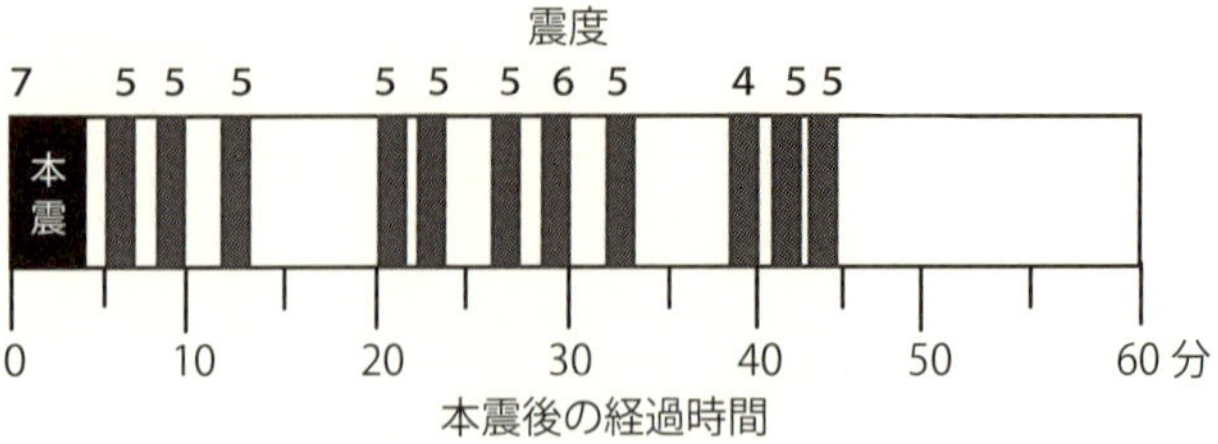

図8　東日本大震災の避難移動時間に起こった余震

加えて、まだ大きな問題があります。

津波避難で大きな障害となるのは、本震のすぐ後の余震です。少し詳しく調べてみると、東日本大震災では、本震から30分以内に震度5以上の余震が7回起こりました（図8）。この30分間は津波避難のために非常に重要な時間で、一分一秒たりとも無駄にできなかった時間です。本震は3分間でしたが、余震はそれぞれ30秒〜1分程度と短い時間です。ただ、人間は地震を感じると本能的に行動が止まります。恐怖を感じて自分の身を守る体勢に入ったり、様子を見ようと意識をそちらに集中させたりするためです。つまり、余震を感じている間と、揺れが止まっても少しの間は避難移動が止まります。揺れの収まりを確認して、身の安全が大丈夫であることに納得すると、行動を再開します。

したがって、東日本大震災では、本震からの避難に重要な最初の30分間で、本震の約3分間と7回の大きな余震の約7分間、合計10分間くらいは避難移動がとどこおったと考えられます。残りは20分間です。そのうちの5分から10分は判断や準備のために使われますので、純粋に避難移動に使えた時間は10分から20分程度しかなかったのではないかと思われます。このように考えると、８００人以上が亡くなられた南三陸町志津川地区は、津波の襲来まで30分程度ありましたが、実際に住民が避難移動に使えたのは、おそらく10～15分程度しかなかったのではないでしょうか。この時間で余裕をもって津波から逃れることができたのは、「とにかく逃げる」ことができる強い人たちだけだったでしょう。そしてこれは、避難訓練では決して想定されていなかったことなのです。

つまり、地震・津波避難で実際の**避難移動に使えるのは、津波到達までの時間の半分程度**と考えるべきだということです。東日本大震災でも、このような仕組みが十分に理解されていなかったことが、多くの方が逃げ遅れた要因だったのではないでしょうか。そして、心配されている南海トラフ地震でも、逃げ遅れを生むことにならないでしょうか。

第5章

みえてきた地震・津波対策の問題点

地震・津波避難というものは、単に「とにかく逃げろ！」で済むものではないことが、少しおわかりいただけたでしょうか。「逃げろ！」ではなくて、「逃げられるか？」が問題なのであって、どんなことが逃げるという意志や行動の障害になるか、逃げられない災害弱者はどうしたらいいかを考えることが対策なのです。

1　ほんとうに「逃げ遅れた」のか

東日本大震災では、「想定外」とか「逃げ遅れた」という言葉をいやというほど耳にしました。しかし、私にはそれが、すべてを捨象して運命的な結果のように納得してしまっているように思えて、違和感を覚えます。避難行動の実際はどうであったのか、現地の様子を調べ直してみると、とてもそのような言葉では片づけられない「事実」が明らかになります。事実をみつめ、経験に学ぶことが大切です。私たちはもっと知るべきことがある、という思いを強くします。

「想定」することは何においても必要なことですが、想定以上のことが起こり得ないという保証はありません。想定とは「想い定めること」であって、それ以外のことを考えなくてもよいという意味ではないのです。危機管理においては、想定外という言葉は言い訳になりません。想定内のことだけが起こるのならば、事前に十分な準備ができるはずですので、危機管理など必要ないのです。

「想定外」については、すでに多くの議論がなされましたので、ここではこれ以上触れません。ここで問題にするのは、「逃げ遅れた」のほうです。

間に合うかどうかの検討

これまでみてきたように、「逃げ遅れた」原因を現実に照らして分析していくと、ひとつの問題が浮かび上がってきます。それは、行政や学者は往々にして「逃げ遅れた」として納得（しようと）してしまうのですが、住民の立場からすると、それは「間に合わなかった」あるいは「たどりつけなかった」ということなのではないか、ということです。そのような意識のずれも問題ではありますが、それよりも、ここで問題にしなければならないのは、両者に共通した思い込みがありはしなかったかということです。どういうことかというと、どちらも「なんとか間に合うだろう」と思っていたのではないかということです。あるいは、「そうあってほしい」という「願い」だったのかもしれませんが、「逃げ遅れた」という言葉は、「間に合う」ことが前提になっているように思います。

現在、一般的な避難場所としては、行政が指定したり自治会で決めたりしたものがあります。では、そこに至る経路は決められているでしょうか？　避難場所までの道を考えたとき、果たして、災害弱者にとってもそれほど困難なく逃げて来れるかどうか、津波到達までの限られた時間内に間に合うかどうか、もし問題が生じた場合にはどうしたらいいのか、現実的に検討されているでしょうか？　物理的な条件だけで避難場所を決めて、健常者が集まって、成功しかあり得ない避難訓練を実施して、「間に合う気」になってはいないでしょうか？

私が問うているのは、最初から避難場所ありきで、それに人間を合わせようとしてはいないかということです。避難する身になって、もう一度考えてみてください。もしもの場合のこと、住まいの環境、体力、人間関係、病気や障がいなど、考えられる困難や危険を見直してみて、「間に合う」という確信がもてるかどうか。「そこまで逃げれば助かる」ということと、「あなたがそこまで逃げることができる」ということとは一致しないかもしれません。

2　意識や体力の強化が対策ではない

前の章で避難の過程で起こる様々な困難についてみてきました。地震・津波避難では、「とにかく逃げる」ことは確かに大切な心がけです。危急存亡のときに、余計なことはできるだけしない方がよいのです。しかしそれは、やみくもに逃げることを意味するものではありません。「よく考えて逃げる」ことが重要です。それには、事前に「よく考えておく」必要があります。なぜなら、そのときにはよく考える余裕がないからです。とくに災害弱者は「とにかく逃げろ！」で逃げられるような強い人ではないので、そのとき自分にできる最善の方法は何かを事前に検討しておかねばなりません。

防災意識など高まらない

もう一度思い出してください。東日本大震災で犠牲になったのは、どういった人たちだったのでしょうか。その多くは「とにかく逃げられない」人たちでした。

そもそも、何度も繰り返して地震・津波の被害を経験している東北地方の沿岸では、「とにかく逃げろ！」というスローガンは昔からさんざん聞かされていて、皆が知っていました。防災意識のレベルは、たとえば私が暮らす三重県などと比べれば、比較にならないくらい高いものでした。

「防災意識の向上」が叫ばれますが、これにも問題があります。「防災意識」とはどのようなことを指すのでしょうか。懸念される地震・津波に対して危機感をもつことでしょうか。その危機感とは具体的に言えば、自分や家族が死んでしまう恐怖でしょうか。もしそうであれば、高い防災意識をもち続けることはできません。なぜなら、人間は、恐怖や不快なことを考え続けたり感じ続けたりすることには耐えられないからです。自分の精神の安定を守るために、それを考えなくなるか、不感症にならざるをえません。防災意識を高めたとして、その効果を実感することはまずありません。「大地震や津波を身近なものと感じていないことが問題だ」と言われる防災関係者もいますが、そんなものは一生に一度あるかないかですから、身近に感じられるわけがないのです。「防災意識」を強調しすぎることは、かえって逆効果です。

防災意識や地震・津波の危機感など、ふだんの生活では、あからさまにもっている必要はありません。そんなもしもの恐怖は忘れていても、いざ「それ」が起こったときに、即座に意識して行動を発動できればよいのです。

備えとして肝心なのは、**自分ができることを、できるようにしておく**ことです。そのためには正しい知識と理解、そして、地域で用意すべき具体的な仕組みが必要になります。

必要なのはそれだけです。精神論は必要ありません。そのときに、地域の対策の仕組みが機能し、住民は迷わず自分にできる行動をとればよいのです。ただそれだけです。

からだを鍛えろ？

「避難のためにからだを鍛えましょう」という標語が投げかけられたりもしますが、これにも注意が必要です。私には、人間のからだというものを理解していない、空虚なことばにしか思えません。

人間の体力というものは、大きくみて三つからなります。一つめは基本的生命維持のための機能です。生きているための最低限のはたらきで、これは一生涯維持されます。二つ目は日常生活のための機能です。ふだんの生活を自由に行なうためのはたらきで、これは人にもよりますが、70歳くらいから徐々に低下していきます。三つめは予備の機能です。これは、ふだんの生活では必要ない意図的な運動や、ストレスがかかるような環境でからだや思考を動かするためのはたらきです。15～20歳くらいをピークとして、年齢とともに徐々に低下していきます。70歳を超えると非常に小さくなります。この機能が小さいと、地震・津波のような不測の危機に際して、日常的に使うことのない力を出すことがむずかしくなります。

予備の機能は、日ごろの運動やトレーニングによって、その低下をゆるやかにしたり、ある程度は改善させたりすることが可能です。しかし、そこで得られたわずかの予備機能の向上を、逃げきれるかどうかの勝負に使おうというのなら、話は違います。

日ごろのトレーニングによって2倍の距離を歩けるようにはなるかもしれませんが、2倍の速度で歩けるようになるのは大変です。地震・津波対策として、地域の高齢者に運動をさせて記録をとり、その数値の向上をアピールする事例を時々みます。ほとんど運動をしていない高齢者に運動していただいた結果、体力を示す数値が上がるのは当然でしょう。しかし、その程度の体力の向上は、災害が起こったときの環境条件の悪化によって、あっという間にチャラになってしまいます。もちろん、からだを鍛えたことが、避難に役立つ局面がないとは言いませんが、その効果を実感できるような人とは、「とにかく逃げる」ことができる人の場合でしょう。ギリギリ最後に頼れるのは体力かもしれませんが、災害弱者に限らず、鍛えるか鍛えないかによって避難の成否が決まるような避難を想定するのはバクチですから、対策の本筋ではありません。からだを鍛えることに熱心なあまりに、からだをいためてしまったという笑えない話さえあります。そうなっては本末転倒です。地震・津波避難は、スポーツの競技会ではないのです。

虐待になってしまうかもしれない

「とにかく逃げる」ことができない人は、からだを鍛えることなど土台無理な場合が多く、そのような方々に対して地震・津波対策の名のもとにからだを鍛える重要性を言い続けることは、無用な脅迫観念を植え付けたり、嫌がらせになったりしかねません。下手をすると、虐待になってしまいます。

「逃げるためにからだを鍛えましょう」といった指導が行なわれたために、高齢者をはじめとした本当に対策が必要な災害弱者が、避難行動を起こす気さえなくしてしまったという話をたくさん耳にします。自治体から「本当に対策が必要な住民が避難訓練に来なくなってしまった」という相談もいただきます。そのような地域で地震・津波対策の話をさせてもらうと、「先生、うちら、もうええんさ（私たちは、もういいんです）」という言葉を何度聞かされたかわかりません。このような地域の現実の姿がどれだけ知られているでしょうか。

もしも、病気で入院したときに、医療者から「治るためにがんばれ！　体を鍛えろ！」と言われ続けたとしたら、みなさんはどのように感じますか？

もちろん、高齢者がからだを鍛えることは有意義であり、重要なテーマですが、私は、「からだを鍛える」ことを強調するのではなく、「日ごろからからだを動かすことで、自分のからだを知りましょう」とお話するようにしています。歩いたりからだを動かしたりすることは、避難移動の訓練というよりは、自分のからだの状態を知るという意味でとても大切なのです。避難行動の中で必要となるいろいろな判断には、自分のからだの状態を感じること、すなわち、その行動ができる体力があるかどうかを知ることが非常に重要です。たとえば、今の自分の状態ならどの避難場所まで行けるかとか、この落下物を乗り越えられるかどうかといった判断は、すべて自分のからだへの正しい認識がもとになるからです。

あきらめを呼ぶ対策になっていないか

重要なので繰り返しますが、「とにかく逃げる」ことができる人に、特別な対策は必要ありません。「とにかく逃げる」ことができるということは、なんとかできるということだからです。そのような人は体力も精神力もありますし、情報も得られて、判断や決断もできます。

一方、東日本大震災では、災害弱者、すなわち「とにかく逃げる」ことができなかった方々がたくさん犠牲になりました。これらの人たちに「とにかく逃げろ！」と言うのは、できないものをやれと強要しているのと同じで、理不尽そのものです。もしもそれを対策として押しつけられたならば、災害弱者はやる気をなくしてしまうでしょう。その結果、助かるべくして助かる人がいる一方で、災害弱者でも助かるかもしれない人が助からないということが起こります。果たして、それは仕方のないことなのでしょうか。「あきらめろ」と言うのでしょうか？

地震・津波対策は、地域にプラスにはたらくとは限りません。人間の視点をもたない対策は、死ななくてもよい人を殺すことになります。私は、「とにかく逃げる」ことができない人への対策こそが、本当に必要な対策なのだと思います。

3　公的な避難場所とは

みなさんの地域には、行政が指定する避難場所や避難所があると思います。防災マップや津波避難マップに書かれるような施設や場所です。もし地震・津波避難となった場合、みなさんはそこまで余裕をもって到達できますか？　避難を考えるとき、私たちはこのような指定避難場所の意味について十分知っておく必要があります。

行政は安全度が非常に高い建物や場所しか、公的な避難場所として指定できませんし、すべきではありません。責任が絡むので、行政が指定できるのは、住民が到達できる、できないにかかわらず、国や県の被害想定にもとづいて、安全度が十分に高いと考えられるところだけです。現実的にはそこへの住民の到達が困難だとしても、行政としては「指定避難場所を目指して、とにかく逃げろ」と言うしかないのです。到達できないからといって、行政は責任を取ってくれません。

行政が悪いと言っているのではありません。行政はスーパーマンではないのです。人材も財源も限られています。行政は責任が取れないことをしてはいけないし、住民もそれを要求してはいけません。

住民自身にしかできないこと

ただ、そのような「確実な」避難場所だけでは、災害弱者は助からない場合があることも現実です。だとすれば、私たちは、行政の指定や責任の有無に関係なく、独自に「比較的安全な」避難場所を確保する必要があります。それは誰がやるのか？　住民自身です。地域の実情に即した現実的な対策は、地域住民にしかできません。地域住民自らが責任を取らなければなりませんが、逆に言えば、地域住民なら可能なのです。

行政は責任が取れる範囲内のこと、しかも住民にはできないことに力を集中すべきです。住民に対して「なんとかここまで住民自身の力で生き延びてくれ。その後は我々が引き受ける」と明言する気概をもってほしいものです。

私はいつも、地域の災害対策は「行政に対する責任追及ではなく、地域住民自らへの責任追及だ」と言っています。行政が当てにならないのではありません。果たすべき役割や責任が、行政と地域住民とでは異なるということを言いたいのです。地震・津波が起こったときに行政は現場にはいません。いるのは、あなたであり、私です。災害弱者であっても**自分の身は自分で守る**こと。これが災害対策の基本中の基本です。そして、災害弱者が自分の身を自分で守ることができるようにするのが災害対策というものだと考えます。

第6章

津波避難の大原則

それでは、災害弱者の具体的な地震・津波対策に入っていきましょう。まず、対策の土台になる大原則についてです。

1　地面の上で遭遇してはならない

「深さ10センチの津波では人は死なない」とか「30センチ程度の津波なら膝くらいなので、人間にそれほど危険はない」とか言う人がいます。しかし、それは大きな間違いです。津波は時速20～35キロの速さで流れる激流で、水だけでなくいろいろな物も一緒に流れてきます。ちなみに、大きな河川の洪水や渓谷の急流でも、流れの速度は時速10キロ程度です。津波の場合、深さが30センチ程度であっても、大人でも立っていることが難しく、簡単に倒されてしまうことが想像できると思います。それどころか、車さえ押し流すエネルギーをもっているのです。災害弱者であるお年寄りや小さな子どもたちでは、10センチでも倒されてしまう危険があります。

そもそも、10センチや30センチの津波が来たというのは、あくまで結果論であって、そのときにその深さで止まる保証などありません。どのくらいの水深になるかの判断は、その場ではできるはずがないのです。ですから、「10センチの津波では人は死なない」という話は、地震・津波対策においてはまったくのナンセンスです。

また、たとえ10センチの津波でも、周囲一帯が水に覆われますから、地面にある危険物が見えません。大雨の時に様子を見に行った人が用水路や田んぼに落ちて亡くなられたというニュースを耳にしますが、そのときの道路の上の水の深さは10センチ程度でしょう。

それに、津波は普通の波と違って、流れが何百メートル、ときとして数キロも続くのです。時間にすると10～15分くらい流れ続けます。水深がどんなに浅くても災害弱者は恐怖で移動ができなくなりますし、万一、流れで倒されたりすると、強い水流と焦りで簡単には起き上がれません。谷川を渡るときに転んでしまった場合を想像してみてください。あわてて水を飲み、肺に吸い込んでしまったりすることもあります。これを誤嚥と言いますが、津波の場合はただの水ではありません。海底の泥（あるいはヘドロ）などが巻き上げられた非常に汚れた海水です。海底の泥の中には、人間に害を及ぼす可能性のあるたくさんの微生物が生息しています。それらが肺に入ってしまうことを**津波肺**と言います。そのときには命が助かっても、後で重症の肺炎を起こしてしまいます。

津波には絶対に地面の上で遭遇してはならない。

これが地震・津波避難で第一に重要なことです。わずかな深さでも、そこには大きな危険が隠されています。

一方、30センチ程度の津波ならば、地面の上にいないで建物の中に入っていれば、確実に助かります。もっと深くても、二階に上がれば助かるかもしれません。それができなくても、テーブルやイスの上に乗っただけでも高さはかせげます。からだが悪くて移動できないなら、ベッドから降りなければ、またベッドの上で上体を起こせば助かるかもしれません。

繰り返しますが、津波の性質と東日本大震災での出来事の検証からから導かれる大原則は、「**津波に**

は絶対に地面の上で遭遇してはならない。地面の上にいては、避難は完了しない。時間の余裕をもって建物に入れ」です。

2　高さか、距離か

津波避難は津波の水から逃れることが当面の目的です。そのためには二つの方法があります。高さを得ることと距離を得ることです。津波は陸上を進んでいくうちに徐々にエネルギーを失い、その高さ（深さ）が低く（浅く）なっていきます。仙台平野では、海岸で10メートルくらいの高さの津波が5キロ程度内陸まで達しました。5キロは10メートルの500倍です。

津波に地上で遭遇した場合、30センチくらいの水深から成人でも死者が出はじめ、1メートルになるとほとんどの人が死亡するとされます。もちろん、陸上の移動距離と津波の水深とは単純に比例しませんが、仙台平野のような勾配がほとんどない平地が10メートル程度の津波に襲われた場合、海岸部でなら10メートルの高さを得ることができれば助かりますが（建物への津波の駆け上がりを無視しての話です）、その効果を距離で得ようとすると、その500倍くらいの長さが必要になります。

図9をご覧ください。津波の届かない絶対安全な場所（浸水圏外）への避難を目指す方針と、高さのある頑丈な建物への避難を目指す方針とでは、そのとき命が助かるためには、どちらのほうが理にかな

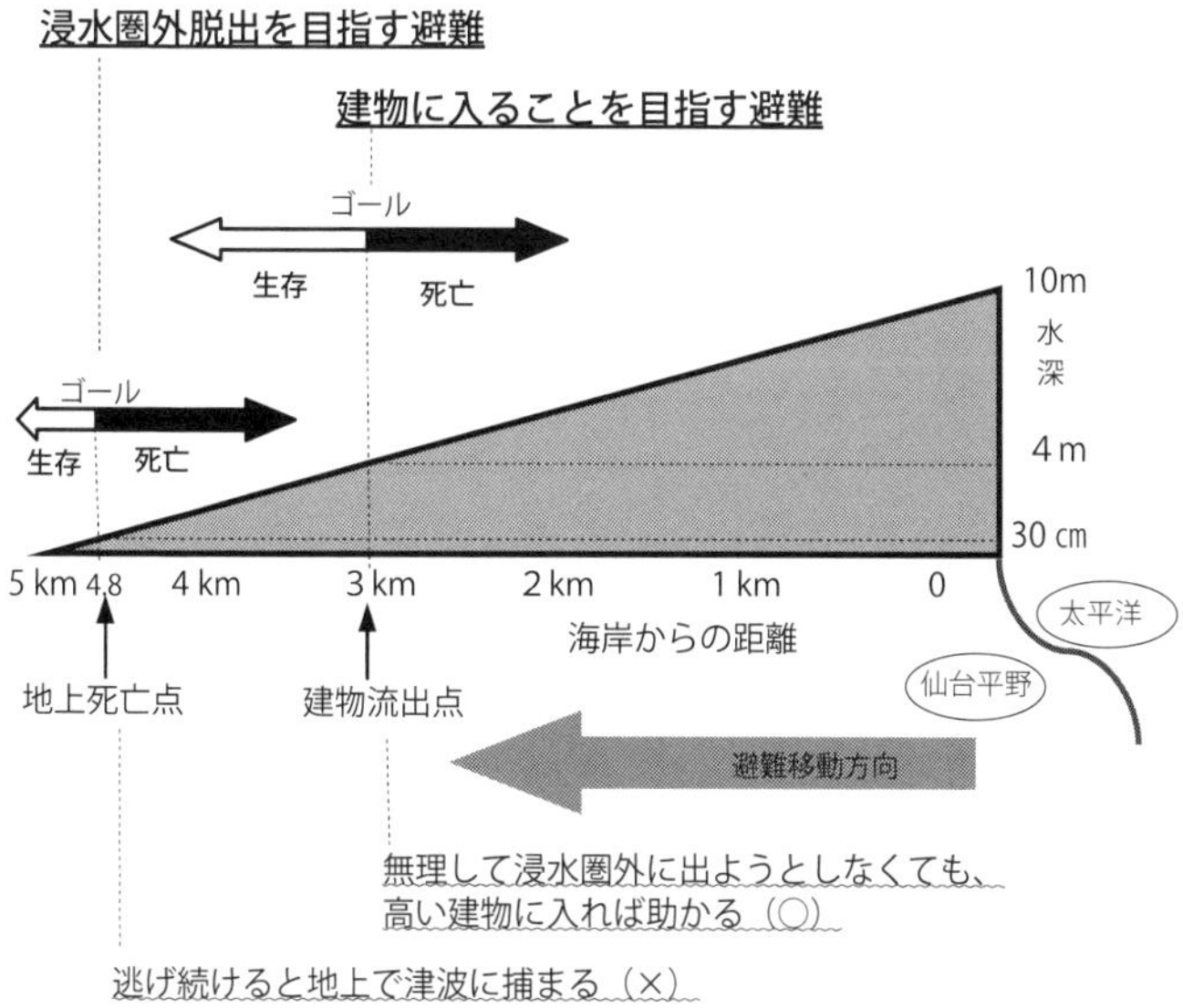

図9　高さ10メートルの津波上陸；海岸からの距離と浸水の深さ（東日本大震災、仙台平野の例）から避難方針を考える

っているか、ご理解いただけると思います。高さをかせげる建物への避難なら、それに要する移動距離は、最大でも浸水圏外脱出の6割程度で済むのです。しかも、避難距離が長くなると、すなわち時間が長くなると、途中で思わぬ危険に出会う確率が急激に上がります。また、津波の浸水範囲の予測には大きな誤差が伴いますので、どこまで逃げれば安全圏に出られるのか定かではありません。

　津波避難では、**距離をかせぐ避難は、高さを目指すよりもはるかに効率が悪く、しかも不確実性が**高いのです。ですから、津波の届かない遠くを目指すことは現実的な避難ではないのです。**津波避難の基本は高さが優先**です。しかも、**できるだけ短い時間に、短い距離で完了させる**ことを考えます。

3　どこで犠牲になったのか

テレビや新聞などで、津波によって家が流される様子や、その結果、更地になってしまった住宅地の衝撃的な映像をご覧になったと思います。一方、実際に津波の被害を受けた面積が意外に小さいことを述べました（第3章）。そして、津波避難というものが、実際いかに困難なものであるかということについても繰り返し述べてきました。ここでは、それをもう少し掘り下げて考え、実際の対策につなげてみたいと思います。

日本地理学会災害対応本部津波被災マップ作成チームが、東日本大震災の津波で被災した市や町の建物の被害分布を調査してまとめた結果を公開しています★。そこでは、津波によって完全に流失した家屋と、浸水はしたけれども流失を免れた家屋が、色分けした点や範囲で示されています。また、津波の水が到達した範囲も示されています。それらのデータを丹念に見ていくと、あることに気づきます。

石巻市の被害――運命の10メートル

灰色 ▒ は津波浸水範囲、濃い灰色 ■ は多くの建物が流出した範囲

図 10　石巻市西部の津波被害状況

日本地理学会災害対応本部津波被災マップ作成チーム，2011，2011年3月11日東北地方太平洋沖地震に伴う津波被災マップ2011年完成版 http://www.ajg.or.jp/disaster/201103_Tohoku-eq.html.（2015年8月26日閲覧、表示の一部抽出、加筆）

　まず石巻市について見てみましょう（図10）。石巻市は、仙台平野の北東部の海沿いにある人口約14万人の都市で、東日本大震災では約４千人の方が犠牲になりました。石巻赤十字病院の奮闘でも有名になりました。津波は海岸から内陸５キロ付近まで達し、とくに、旧北上川河口の住宅地である門脇町や南浜町では住宅の大半が流失しました。ここで注目していただきたいのはその広さ（面積）です。

　この地区で家屋が流失した範囲は、

★２０１１年3月11日東北地方太平洋沖地震に伴う津波被災マップ２０１１年完成版、閲覧用のWebページ　http://danso.env.nagoya-u.ac.jp/20110311/map/index.html

海から内陸方向に見ると幅は最大で約７００メートル程度です。つまり、７００メートルを移動すれば、家屋が流されなかったエリアに入ることができました。しかし、この地区で３００人以上の方が犠牲になったと言われています。それ以外の地区でも家屋の流失は多く発生していますが、幅はそれ以下がほとんどです。

また、この地区では保育園のバスが津波に巻き込まれ、５人の園児が犠牲になるという悲しい出来事がありました。実際には園児は津波そのものではなく、その後に発生した火災に巻き込まれて亡くなったのですが、ここで注目しなければならないのはその状況です。

園児を乗せたバスは避難の車の渋滞に巻き込まれ、動きが取れない状態で津波に遭遇したと思われます。津波がおさまったあと10時間近くも、がれきの中から助けを求める子どもたちの声が聞こえていたといいます。しかし、救出されませんでした。実際にバスが見つかった場所は、津波の到達限界からわずか10メートル手前でした、標高差1メートルです。子どもたちは、バスの周囲で見つかっています。逃げようとがんばったのかもしれません。あと10メートル先まで行けていたら子どもたちはバスから脱出して助かった可能性が高いのです。このように、災害弱者にとっては、たった10メートルが決定的に大きな意味をもってしまうのです。10メートルなのだからとにかく逃げれば助かったのに、と思われますか？ 子どもたちはベストを尽くさなかったのでしょうか？ 災害弱者の現実というものを、私たちは子どもたちの尊い命から学ばなければならないと思います。

（写真：平成 23 年 3 月 19 日撮影、朝日新聞フォトアーカイブ提供）

図 11　東松島市野蒜地区の津波被害状況
海岸から約 1 キロ付近で、JR 仙石線の列車も流されたが、流出した家屋と流出を免れた家屋が混在している。

東松島市野蒜地区の証言

宮城県東松島市では千人以上の方が津波で亡くなられました。とくに野蒜《のびる》地区は海岸から1キロ内外の集落で、海岸での高さが10メートルの津波に襲われ、早期に大きな被害が伝えられたところです。仙石線の列車が流されるような状況でしたが、この地区の建物被害を見ると、流された建物と流されずに残った建物が混在していることがわかります。建物の一階部分は破壊されていても、二階部分はほとんど壊れていない家もあります。避難の渋滞に巻き込まれたところに津波が迫り、「早く上がれ！」との呼びかけで近くの民家の二階に駆け上がり、辛くも助かったという証言が残されています。また、「二階から見ると、そこかしこから、助けてという声が聞

（写真：平成23年3月11日撮影、岩手県建設業協会提供）

図12　釜石市街の津波被災の跡
多くの家屋が倒壊して流出した。しかし、比較的高い建物の多くは残っている。

こえた」そうです（河北新報、平成23年4月25日）。

市街地での避難 ――多くの建物が流されずに残っているのに（釜石市）

釜石市は工業都市で、市街地には比較的高層のビルを含む二階建て以上の建物が多くあり、それらの大多数が津波で流失せずに残りました。すさまじい量のがれきにばかり目がいきがちですが、そのようながれきに埋め尽くされた住宅街でさえ、多くの建物が流されずに残っています。津波がおさまった後の遠景の写真を見ると、それほど大きな被害を受けたとは見えないくらいです。しかし、実際に約1千人の方が亡くなられています。

釜石市では津波が押し寄せてきたときの映像もたくさん撮られて公開されました。それらの内容を丹念に調べていくなかで、とても衝撃的な事実に気づきました。避難移動の途中で津波に巻き込まれたと思われる映像がいくつもあるのですが、その周囲には最終的に流されずに残った立派な建物がたくさんあるのです。

被災後の報告には、「避難が遅れて、途中で津波に巻き込まれた」という文章を多く目にします。しかし、津波に巻き込まれたのは、ほんとうに「逃げ遅れた」せいなのでしょうか。

避難場所の可能性は他に考えられなかったのでしょうか。映像は、すぐそこに流失をまぬがれた建物がたくさんあることを教えています。ここに、現実的な津波避難の重要なヒントがあります。

4　助かっていたかもしれない人たち

南三陸町志津川地区や陸前高田市などは、市街地の標高が2メートル以下と極端に低く、リアス式海岸地形でもあることから津波が非常に大きくなることが予想されました。そして、実際に市街地のほとんどの家屋が流失したような深い浸水に覆われた市街地もあります。そうしたところを別にすると、石巻市や釜石市以外でも、家屋が流失したエリアの幅は海岸から100〜700メートルと、意外に狭いものでした。標高も5メートル前後までの範囲です。

だから被害が大したことはなかったということではありません。私が言いたいのはこういうことです。

家屋が流されてしまう範囲では、建物の中にいても地面の上にいても、死亡する可能性が非常に高くなります。しかし、東日本大震災のような大きな津波であっても、この致死的なエリアの幅が最大で海岸から700メートル程度でした。住民は、避難の遅れの大小はあったにせよ、海から離れる方向に移動していたはずです。多くの住民はそれよりも短い距離の移動で致死的エリアから出られたはずですし、実際に出ていたのではないでしょうか。

それでもあれだけの大きな犠牲が出てしまいました。なぜでしょうか。もちろん、避難が遅れたことが大きな原因かもしれませんが、このような可能性は考えられないでしょうか。

　津波で家屋が流された致死的範囲のすぐ隣（内陸）、あるいはその内部にも、浸水して瓦礫で覆われたけれど建物が流されずに残った場所がある。そこには、津波で流されにくい建物もあったはずである。致死的な範囲にいた住民のうちのかなりの方々は、おそらく、この場所にだったら入ることができたのではないか。しかし実際は、安全度が非常に高い場所にある公的な指定避難場所をあくまで目指して移動を続けた人たちが多かった。そのために、地面の上で津波に追いつかれてしまった。

そうだとしたら、津波が足下に到達する前に、もしも近くの適当な建物に逃げ込んでいたなら、かなりの方々が助かっていた可能性は高い。つまりベスト（公的な指定避難場所）ではなくても、ベター（個人で到達可能な建物）の選択で助かった可能性は大きかったと考えられます。

「とにかく逃げろ！」という文言を繰り返し聞かされて意識に刷り込まれ、本番の状況では到達するのが難しい避難場所への避難訓練が繰り返されたがために、「避難は指定された避難場所を目指すもの」と信じて疑わず、からだもそれを覚え込み、それ以外の判断や行動ができなかったということがあったとすれば、ある意味では人災と言えるかもしれません。

5　津波高と遡上高の関係

ここで、地上を流れていく津波の性質と、東日本大震災でたくさんの命が失われた仕組みを整理してみましょう。

海に面した陸地は、平地であれ山間部であれ、それぞれの土地の勾配があります。津波には大きな前進のエネルギーがありますので、陸地に達した津波は、その勾配を登っていきます。これを遡上と言います。津波は、土地の勾配がまったくの垂直ならば、跳ね上がることはあってもほとんど遡上はしませんが、勾配が緩くなるにしたがって、海岸に到達したときの高さ（津波高）よりも高い標高の場所まで流れ登っていきます。それは、ある勾配のときに最大になります（図13）。この最大到達標高（遡上高）は、海岸に到達したときの4倍程度にまで達することがあるとされています。東日本大震災後の津波被災マップでは、そのような現象がはっきりととらえられています。土地の勾配が緩くなると到達する標高は低くなっていきますが、到達距離はどんどん延びていき、ある地点で浸水の深さがゼロになって停止します。ですから、単純に、より遠くに逃げれば安全度が高まるとは言えません。その地点での安全は、距離に加えて高さが大きく関係してくるからです。

津波は非常に高いところまで到達する可能性があるということで、この遡上高を避難基準にしている自治体があります。しかし、それには少し誤解があるかもしれません。その高さで津波が海岸に押し寄せたのではありませんし、海岸から遡上高まで同じ深さの水に覆われてしまうわけでもありません。遡上高が20メートルだったとしても、海岸での津波高はせいぜい5メートル程度です。その津波が勾配を登っていって、最終的に標高20メートルの位置でエネルギーがなくなって停止したのです。

津波は確かにかなり高い標高まで登りますが、海岸に到達したままの高さ（津波高、深さ）のままで進むわけではない、ということをよく理解してください。図14をご覧ください。勾配を登るにつれてどんどん低く（浅く）なっていって、最終的に遡上高の位置でゼロになるのです。ですから、完全に浸水圏外に出ようとして地面の上で勝負するなら、かなりの距離と高さを獲得しなければなりませんが、地面の上で追いつかれる前にどこかの建物に逃げ込むことができれば、そこでの水深は建物高よりはかなり浅くなっていることが期待できますから、助かる可能性はかなり高いと言えます。「最後まであきら

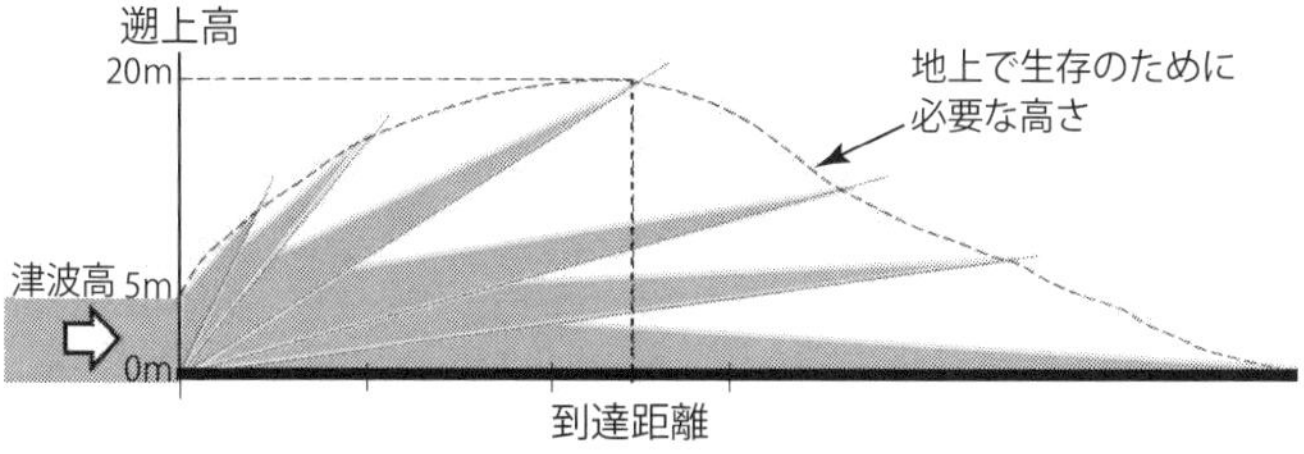

図13　津波の遡上高と到達距離

地面の状態（とくに傾斜度）に影響される。ある傾斜では、津波高の4倍程度の最高地点まで遡上する。傾斜が緩くなると遠くまで達する。

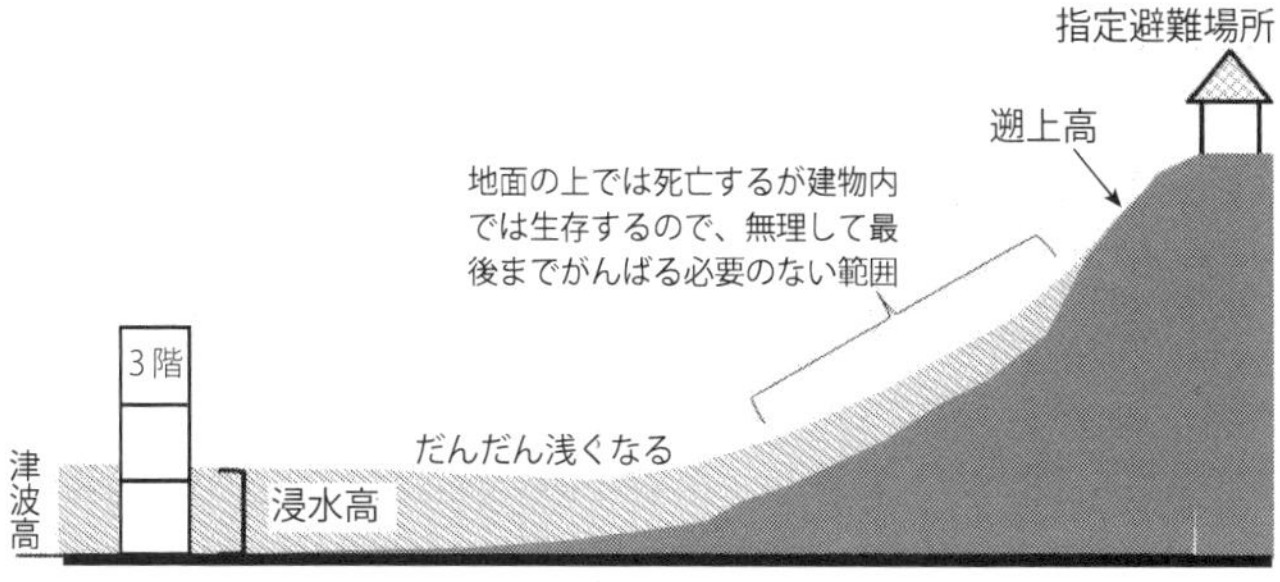

図 14　傾斜地を遡上する津波の水深

浸水エリアからの完全脱出をめざすと、長い距離と高さが必要になる。途中で高さのある建物に入れば、はるかに小さな労力で生き残れる。それによって地域の助かる範囲はずっと広がる。

めずに、とにかく逃げろ！　ベストを尽くせば助かるかもしれない」と言われる方もいますが、そもそも、ベストを尽くせば助かる（浸水圏外に出られる）かもしれない微妙な状況にあなたがいるなら、そこの水深はせいぜい1メートル以下ですから、無理をせずに近くの建物に入ってしまえば、十分に助かります。

あくまで浸水圏外への脱出をめざすのは勇敢な行動かもしれませんが、それによって命を落とすのは避けたいものです。とくに、災害弱者はそのような無理なバクチはできませんし、してはいけません。やみくもに「とにかく逃げろ！」の避難は間違いです。津波遡上の仕組みが理解されておらず、適切な避難行動がとられなかったために、助かる可能性があった方々の多くが犠牲になられたのではないかと思われます。

6　逃げ続けることに執着しない

津波で亡くなられた方々がどの時点で津波と遭遇したのかを特定するのは困難ですが、建物被害の分布状況を丹念に調べていくと、津波避難のもうひとつの大原則が導かれます。

津波避難では、「絶対に地面の上で津波と遭遇してはならない」ということが第一の大原則。第二の大原則は、

逃げきれないと判断したら、近くの建物に入る。

災害弱者は、津波が来るまでに安全度の極めて高い公的な避難場所まで到達できない可能性が大きいので、時間切れになる前に近くの適当な建物に入ってしまうことです。そのような選択ができない避難経路は使わないようにします。最初は一刻も早く行動を起こすという意味での「とにかく逃げろ！」はよしとしても、それにこだわってはならないということを周知すべきだと思います。

地面の上で津波に遭遇しないためには、それまでにあとどれくらいの時間があるのかを知る必要があります。それによって、あなたの最終的な避難目標が決まります。その場合、必ずしも公的な指定避難場所があなたの避難目標になるとは限りません。そこに行き着くためにベストを尽くすことがあなたにとって必ずしもベストの避難ではないということです。

津波があなたの足下に到達するまでの時間で行ける範囲、しかもかなりの余裕をもって到達できる範囲の中で、もっとも高くて頑丈な建物があなたの避難目標です。公的な指定避難場所に十分に間に合うなら、もちろん、それでよいのです。しかし、それに執着してはならないということです。間に合わなかったら、元も子もないからです。

7　津波避難は高鬼《たかおに》

みなさんは、「たかおに（高鬼）」という遊びをご存知ですか。鬼ごっこの一種ですが、高いところにいれば鬼につかまらないけれど、一つの高いところにいられる時間が限られていて、次の高いところに移るために地面に降りている間につかまってしまうと自分が鬼になる、というルールです。津波の避難も同じように考えるとわかりやすいでしょう。

津波の避難は、地面の上にいると安全度が極端に低いことが特徴です。津波は予測の誤差が大きいですし、そのときに津波の規模や特徴の正確な情報を得ることは不可能なので、どこまで水が達するかわかりません。ですから、非常に安全度が高い場所に公的な指定避難場所があっても、そこに向かう距離と時間に比例して安全度が大きくなっていくわけではないのが特徴です（図15）。山登りのように、がんばって歩を進めれば、それだけ高さ（安全）が獲得できるとは限らないのです。

一方、これまでみてきたように、津波が足下にきたときに、とにかく近くの建物に入ってより高い位置にからだを置いていれば、地上にいるより「はるかにまし」で、助かる可能性が出てきます。それらの避難建物は、公的な避難場所と比べれば安全度は低いかもしれませんし、水没するかもしれないし、もしかすると流されてしまうかもしれません。しかし、現実にどれくらいの規模の津波が発生して、どこ

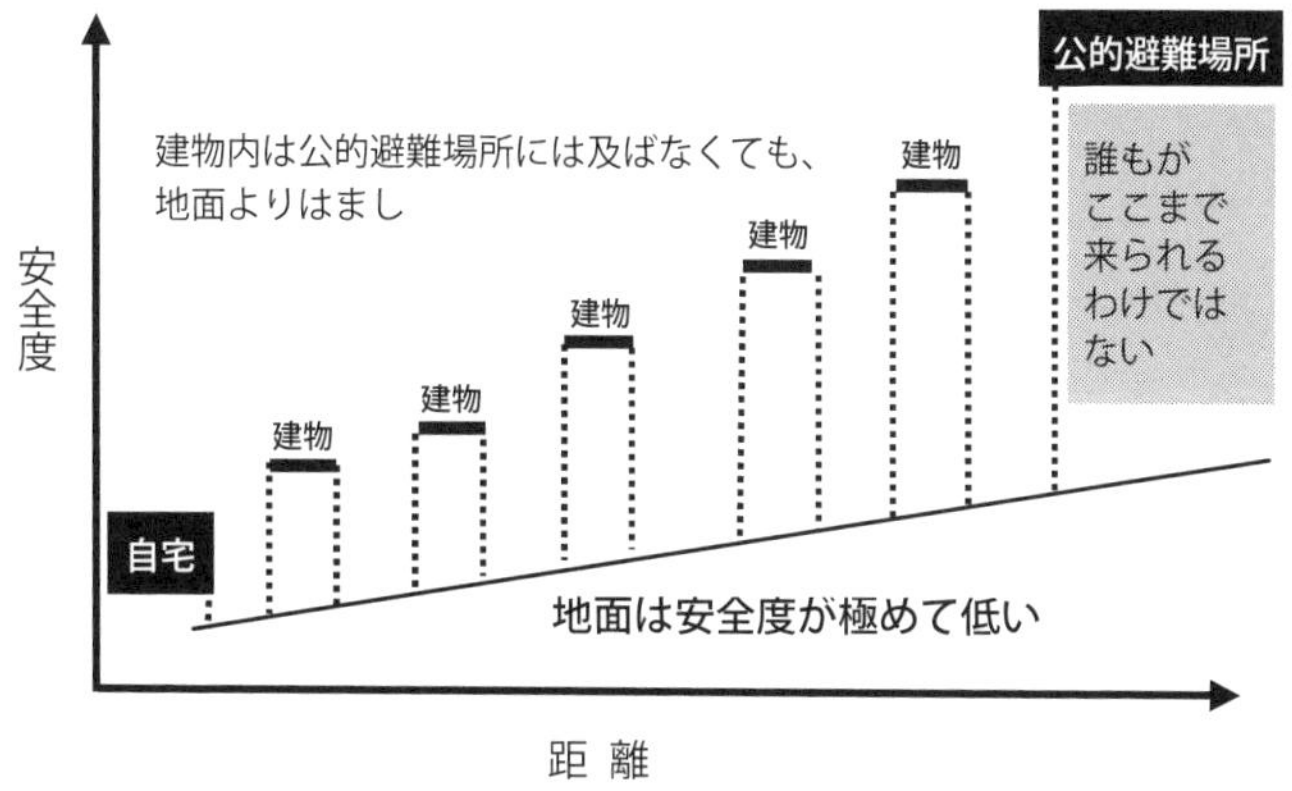

図15　避難移動と安全度の関係

がどれくらい浸水するのかは、そのときになってみないとわからず、公的な避難場所でさえ100パーセントの安全を保障することはできないのです。ただ、確実に言えることは、どのような大きさの津波であろうとも、安全度がほとんどゼロである地面の上で津波に遭遇してはいけないということです。

公的な避難場所を目指していても、間に合わないと思ったら、いつでも適当な建物に入ることを頭に入れて行動しましょう。つまり、高鬼で鬼から逃げたり、飛び石を渡ったりするように、建物から建物へと避難するイメージです。

8　安全は一つではない

いろいろな避難場所

津波避難では、安全度の差はあっても、いろいろな建物や場所が災害弱者の避難場所として使えることがわかってきました。ここでは、それらについてみてみましょう。

❶ 公的な指定避難場所

行政が指定しているような避難場所の多くは、標高も高く、安全度はかなり高いでしょう。多くは、学校や公民館、大規模商業施設など、建物自体の高さも強度もすぐれた施設です。建物ではなくても、安定した高台や公園なら、ひとまず安全が確保されます。避難タワーもそれに含まれます。もし余裕をもって到達できるなら、第一に選択されるべき避難場所です。

しかし、これらは数が限られていますし、津波の浸水エリアから離れていることもあります。

❷ 高くて頑丈な建物

公的な避難場所の次に安全度の高い避難場所です。漁協や農協、大きな会社や工場のような、地域の中で際立って高くて頑丈で、人の出入りがふだんから活発な建物です。鉄筋コンクリート造りで、屋上に上がれる構造になっていることも多いでしょう。地域を実際に歩いてみると、このような建物が結構多いことに気づかれるのではないでしょうか。

公民館や学校などと違って、最初から住民の避難に使うことを想定して造られていませんし、公共の施設ではないことがほとんどですから、事前に持ち主の協力を得て、地震・津波対策として避難訓練に織り込むなどの環境整備も必要になります。

❸ 高さのある個人住宅

少し大きくて頑丈そうな高さのある個人の住宅や、その付属の建物です。高さや頑丈さは、あくまでも自分の家との比較になりますので、なかなか正確な評価はむずかしいのですが、鉄筋コンクリート造りや、それに準ずる構造で、二階建て以上の家屋が目安になるでしょう。屋上に上がれる構造ならなおよい。しかし、個人の住宅ですので、それを避難場所として使うには持ち主の協力が必要であることは言うまでもありません。行政が指定することは現実的に困難ですし、行政からの強制はよい結果を生みませんので、地域住民の自主的な対策になります。ご近所づきあいや友人・知人の関係、あるいは自治会や組内などでの申し合わせによる使用です。

このレベルの避難場所は心許ない印象がありますが、「津波に地面の上で遭遇してはならない」という大原則のもとでは、無理ができない災害弱者にとって非常に重要な避難場所です。

❹ 自　宅

最後の避難場所は自宅です。災害弱者は、どうしても避難開始に時間がかかってしまったり、その夕イミングを逸してしまったりしがちです。また、外部への避難に消極的にならざるを得ない方も現実には多くいらっしゃいます。寝たきりで移動に介助が必要だったりして、家から外部への緊急避難が困難なこともめずらしくありません。十分な介助が得られないこともあります。そのような場合には、自宅が避難場所となります。

自宅の中のより高い場所や頑丈な場所に身を置くことで、安全度が高まります。二階があればそこに移動します。階段を少し上がるだけでも違います。それも難しければ、ベッドやテーブル、イスなどに上がること。要するに、少しでも高さをかせぐことを考えます。

身の丈の避難

寝たきりで大きくからだを動かすことが難しければ、上体を起こすだけでもよいし、枕を少し高くするだけでも、ただ寝ている姿勢でいるよりはずっとよいのです。間違っても、無理してベッドから降りてはいけません。津波避難の目的は、言ってみれば水が到達したときのからだの位置、もっと狭めて言えば、呼吸に必須な口や鼻の位置をできるだけ高い位置に置くことです。

災害弱者はからだを大きく動かせないことが多いですので、避難という行動に消極的になりがちですが、個人の状況に応じて、できる範囲のことをすればよいのです。その「小さな避難」で助かることもあり得ます。どんな災害弱者であっても自分の身は自分で守ることが基本です。そのときに助けが来る保証などないからです。「無いものねだり」をするのではなく、「身の丈の避難」をしましょう。それなら誰にでもできるはずです。

後ろに戻る避難

安全度はそれほど高いとは言えなくても、近くにある建物の多くが避難場所として使えるとなれば、避難行動の自由度が広がり、災害弱者も精神的に楽になります。「すべてか、無か」ではなくなるからです。「自分にもできることがある」ことを知ることが大事です。

「とにかく逃げろ！」という表面的なスローガンを刷り込まれると、「避難は前進あるのみ」という感覚になってしまいがちです。しかし、避難の移動距離と安全度の獲得の関係でもみていただいたように、津波避難では、安全度が単純に海からの距離だけでは決まりませんので、とにかく前に逃げることが必ずしもより安全とは限りません。よく知った避難路であっても、この先には未知の危険が待ち受けている可能性があるからです。一方、いま通ってきた道については、一度、安全や危険を確認済みですし、途上にあった避難場所の様子や所要時間もつかんでいます。前進を断念しても、それらは確実に使うことができるでしょう。地震・津波避難では、前に進むだけでなく、後ろに戻ることができる意識も必要です。その時点での許される時間内に獲得できるベターな避難場所が前方にあるとは限らないからです。もしかすると、すぐ後ろにあるかもしれません。「少なくとも、そのときに地面の上にいない」状態を獲得するには、前後の自由な動きが必要です。

安全度が非常に高い避難場所に到達できなければ死亡するような巨大な津波が発生して、実際にみなさんの地域を襲う確率は高くありません。一方で、それほど大きくはないけれど地上で出会ってしまうと命を落とす可能性のある津波がやってくる確率は、巨大津波よりもはるかに高いものです。その場合、地面の上ではなく建物の中に入ってさえいれば、命を失う可能性はぐっと低くなります。

津波の規模も、避難の安全性も、「すべてか無か」「1かゼロか」ではなく、連続的なもの、相対的なものと考えて、自分が可能なベストやベターな選択ができることが重要です。

9　地域全体を避難場所に

災害弱者の地震・津波避難では、行政によって指定された安全度が高い公的な避難場所だけを目指すのでなく、もっとも重要なことは「自分にとってベターな場所」を選んで身を置くことであると述べました。それは固定された目標ではなく、個人によっても、またそのときの状況によっても、どんどん変わってしかるべきものです。

地域にはいろいろな建物がありますが、地震・津波の避難場所として使えないものはありません。どんなにひ弱に見える建物でも、あなたが地上に生身でいるのと比べたら、はるかに頑丈だからです。災害弱者の避難では、不測の事態によってどうしても当初の目標に到達できないことがあり得ます。そのときには迷わず、すぐに利用可能な避難場所に目標を変えるべきです。

地上で津波に出会ってしまえば、助かる命も助かりません。「すぐ脇の建物に入ってさえいれば助かったのに……」という後悔を地域に生まないようにしたいものです。

そうならないためには、地域の中の多くの建物が避難場所として使えるようになっている必要があります。非常時には、すべての家が住民の避難場所として使えるような合意ができていることが理想です。地域全体が避難場所として機能するということです。どのような安全度の建物なら助かるかは、その時の津波によりますが、どのような建物であっても、少なくとも地面の上にいるよりはましなのです。

集落全体を避難場所として使えるかどうかは、そこでの人と人との関係に依存します。顔の見える信頼関係が地域に存在することが必須です。誰でも知らない人に勝手に自宅に出入りされたくはありませんから、これは地域住民が主体となって避難の仕組みを構築することに取り組まないかぎり実現しないのです。行政による「指定」に頼っていては不可能です。

10　孤立は敗北ではない

東日本大震災では、学校や病院などの建物に多くの住民が取り残されて、救助を待つことになりました。このような状況になることは好ましいことではありませんから、新聞やテレビでは「逃げ遅れて」「取り残されて」「孤立した」光景として報道されました。しかし、そのような表現には違和感を覚えます。

孤立したのは、とにかく生き延びるためであり、きびしい災害の中では悲劇的な事態ではありません。高さのある建物の上層階や屋上へ避難した結果としての孤立は、津波避難の原則である「高さ優先」によって、**生存を勝ち取った**ことを意味します。もちろん、津波の水が到達する範囲の外への避難移動が可能であるならば、そうすればよいのです。しかし、それだけを追い求めて、避難途中で津波に追いつかれたら元も子もありません。災害弱者が浸水圏外への脱出にこだわることはリスクが大きいことは、何度も述べてきたとおりです。水が到達しない高い場所に移動して「生き延びる」ことが先決です。孤立は決して敗北ではありません。

避難の目的は孤立しないことではなく、生き延びることです。その結果として孤立もありうることは、十分に想定内のことです。想定できるということは、対策が打てるということです。

東日本大震災では、孤立そのものによって亡くなった方はほとんどおられません。孤立の準備があまりなかった状態でそうだったのですから、非常用の備蓄などの準備を整えておけば、孤立は決して怖くはありません。孤立しないために逃げたけれど、逃げ切れなくて死んでしまった、となってはなりません。

孤立しても、小学校などはふだんからある程度の生活の設備があって使われている施設ですので、避難場所として有利です。最近、避難タワーが建てられたり、山の斜面に避難階段や避難スペースを刻んだりする事例が多くありました。それはそれでよいことなのですが、ただし、そこで長時間の孤立状態になった場合に命を維持できるかということも、十分に考えておく必要があります。平野部ではなかなか津波の浸水が引かずに、そこからの短時間での移動や脱出が難しくなりますし、西日本で懸念されているような大規模で広範囲の災害になると、なかなか救助も来ないでしょう。３日から１週間くらいはそこで孤立してもなんとか持ちこたえることができる準備が必要です。しかも、真冬の寒さや真夏の暑さの中で、ということを考えに入れなければなりません。

ここで地震・津波の避難に際しての基本的な考え方をまとめておきましょう。

❶　まず「生命だけは助かる」ことが第一

❷　一般的なベストより、自分にできることのなかでベターな一次避難場所を選択する

❸　当面の大きな危機が落ち着いたら、少し遠くても安全度の高い二次避難場所に移動する

第7章

避難の計画と行動の実際

ここまで、まず災害弱者について知り、東日本大震災で起こったことを分析し、逃げ遅れるとはどういうことかを考察することから、津波避難における大原則を導き出しました。

もっとも重要なことは、**絶対に地面の上で津波に遭遇してはならない**ということであり、そのためには、**手遅れにならないうちに適当な建物に入って、より高い位置に身を置く**のがよい。そして、地震・津波対策は「とにかく逃げろ！」の精神論ではなく、**それができるように地域で具体的に準備する**必要がある、ということを述べました。

ここからは、これらの原則に基づいて、災害弱者の避難計画を立ててみることにいたしましょう。

1　あらかじめ決めておく

災害の避難では「状況に応じて適切に判断する」のがよいと考えられ、一般的にそう教えられてもいます。しかし、実はここに大きな問題があります。地震・津波避難ではそれが「できない」のです。

そのとき、危険度の判断ができない

公的に指定された避難場所に加えて、安全度はより低くても、地域にあるいろいろな建物を避難場所として使えるようにすべきであることを述べました。ここで誤解していただきたくないのは、「そのときに上手に判断して、できるだけ安全度の高い避難場所をめざせ」という意味ではないということです。つまり、個々人の臨機応変な判断を求めたのではないのです。大事なことですから注意して読んでいただきたいのですが、私が言いたいのはむしろ逆で、**個々人の判断に期待してはいけない**ということなのです。

地震・津波避難では、「どこまで先に行けるか」の判断がそのときその場ではできないので、**そのときどこを目指すかは、あらかじめ決めておく**のです。

オンサイトのリスクマネジメント

津波避難のような危険な環境からの脱出をめざす行動では、「オンサイトのリスクマネジメント」が必須です。オンサイトはその場という意味ですので、「その場での危険管理」という意味です。静岡大学の村越真教授が詳しく書かれています★。以下はそこからの引用です。

「常にその先のシナリオを想定し、そのなかに超えてはならない一線が制御不能な形で現れることがないかどうかに意識を向ける。体調がよくない、あるいは悪天候の兆しがある。この先進んだらどんなことが起こるだろうか。そこに致命的リスクはないだろうか。そのリスクは制御可能だろうか。可能だとしたら具体的にはどのように可能だろうか。リスクマネジメントの本質は、個々の技術ではなく、このような発想なのだ。」

「シナリオによって制御不能で致死的なリスクが予想されたら、あっさりと敗退する。一方でシナリオを検討した結果、「いける」という判断を生むこともある。可能だとわかれば、彼らは迷いなく全力を集中する。」

★村越　真「危機管理：遭難回避のための方法論」（岳人、二〇一三年一二月号、特集「リスクマネジメント：山で生き延びる力」）

危険な環境では、状況がその場その時で刻々と変化しますので、自分はどのように行動すればよいのか、あるいはどのように行動できるのかを、その時に得られる情報を分析し、その場で判断して行動に移す必要があります。たとえば、「この先に進めるかどうか」の判断です。もし、十分なオンサイトのリスクマネジメントに基づいて「行ける」と判断したら、全力で実行します。「行ける」と判断できないなら、そこまでで止めるか、退却します。

危険な環境で、この判断をしないままに先に進むのは、運を天にまかせた単なる無謀な突撃になってしまい、自殺行為に等しいと言わなければなりません。

事前対策がすべて

ところが、津波避難では、このオンサイトのリスクマネジメント、つまり「ここから先に進めるかどうか」の判断ができないのです。それを判断するための情報がほとんど得られないからです。また、ある程度の情報が得られても、それを十分に分析し、評価して判断を下すだけの時間も余力もありません。ですから津波避難では、「その場でよく考えて行動しましょう」というのはもっともらしくは聞こえますが、津波避難では無責任な話で、現実的ではありません。

ではどうしたらよいでしょう? 前もって十分に調査して分析し、評価して、**複数の避難目標を決めておく**のです。複数の避難目標を設定するのは、できるだけ悲観的に考えて、つまり、第一目標に到達できないことも大いにあり得ると考えて、第二、第三の補欠を作っておくということです。ここにも災害弱者の視点が活きてきます。

2　残された時間

災害弱者の津波避難では、自分の避難場所を事前に明確に決めておいて、それ以上の移動をしないのが賢明であることを再三述べてきました。その先での不測の事態への対処ができないからです。しかし、「そこであきらめずに、行けるならベストを尽くしてさらに先に逃げろ」という指導が行なわれることがあり、住民の中にもそれが正しいと思われている方がいますので、それがいかに困難か、具体的な例を紹介します。

名取市閖上《ゆりあげ》地区での悲劇、すなわち「行けるならさらに逃げろ」という予定外の避難をやったがために直線距離にして４００メートルが到達できず、近くの建物に逃げ込むこともできずに多くの方々が犠牲になったことについては改めて後述します（149−151頁）。その前にまず、「行ける」から「行けない」に転換する時間、すなわち危険（津波の接近）を認識してから実際に危険（津波）が足下にくるまで、どれくらいの時間があるのかをみてみましょう。

釜石市沿岸部の旅館の事例

マスコミでも有名になった旅館の例です。この旅館は四階建てで津波避難場所に指定されていましたが、従業員さんなどはすぐ裏の山の中腹に避難しました。ところが、まだ避難していない周辺の住民がいることを知った女将さんは、それらの方々を迎えに出ていっしょに避難を始めました。女将さんを含めて7人です。映像を見ると、住民は津波の接近を認識しておらず、急いでいる様子はありません。ところが、裏山にたどり着かないうちに津波が陸に入ってきてしまいました。裏山の中腹からはそれが見えましたので、驚いた従業員が「はやく！」と叫びます。それでもまだ住民は津波の接近に気付いていません。それから10秒後、やっと津波を視認してあわてて裏山を目指して走り出します。そして津波が流れ込み、駐車場の車と送迎バスを押し流します。危険を認識して走りだしてからわずか10秒後です。運よく全員が助かりましたが、走りだしたところから助かった場所まで30メートルです。津波の視認があと数秒遅れていたら、おそらく全員命はなかったでしょう。

報道では、「津波は一階の天井をえぐり、二階にまで達した」と被害の大きさを強調して、裏山に逃げたことを賛美していますが、果たしてそうでしょうか。避難した裏山の場所は、すぐ前にある旅館の二階部分よりわずかに上がった高さでしかありません。もし津波がもう少しだけ高くまで達していたら（そのような場所は周辺にいくらでもありました）、避難経路からも近い本来の避難場所である旅館の中に避難していれば助かったのに、という事態も十分に考えられました。二階より上の階はまったく無傷で、旅館が倒壊したわけでもありません。

旅館は標高9メートルの場所にありますが、浜辺から50メートルしかありませんので、津波避難場所に指定されてはいても、下層階が津波に浸かることは十分に想定されていたはずです。仮に旅館の倒壊を心配するのであれば、避難場所になど指定せず、最初から裏山のより高いところを避難場所に指定すべきだったでしょう。そのほうが時間の無駄もありませんし、迷いも生じません。

この例では、もちろん全員が助かって本当によかったですし、女将さんの使命感には深く感動しました。しかしその一方で、このような二段避難、すなわち、決めていた避難場所（この場合は旅館の建物）に避難したものの、不安を感じてさらに（この場合は裏山に）逃げることで助かったように見える事例が「奇跡」とされ、その判断が賞賛されていることには違和感を覚えます。このような事例の誤った解釈をもとにして、そのときの咄嗟の判断で事前には決めていなかった裏山に逃げたから助かった、だから「とにかくもっと遠くに逃げろ」という短絡的な認識になってしまうことは問題です。

東日本大震災の津波避難では、いくつものそのような「奇跡」と呼ばれる事例が生まれましたが、時間と距離の関係を詳しく分析してみると、運よく時間的な余裕があったから助かった、つまり助かるべくして助かった事例や、決めておいた避難場所の下でたまたま津波が止まったので、さらに逃げなくても助かっていたという事例がいくつもあります。その場合では、もし津波がそこで止まっていなければ、時間的にみて津波に呑み込まれていた可能性が高いのです。逆に避難場所にとどまっていれば助かったでしょう。

本当にさらに逃げて助かったのなら、「自分が到達できる最良の避難場所」として、**最初からそこを目指すべき**だったのです。結果的に助かったことは喜ばしいことです。しかし、それが安易な精神論に結びついて、「だから助かった」というふうに語られるのは危険です。勝者が正しいとは限りません。生存事例が模範になるとは限らないのです。

陸前高田市米崎地区の消防団

陸前高田市では、市街地から少し離れた米崎《よねさき》地区の消防団が、津波の到達から集落が呑み込まれるまでを映像に残しています。

消防団は港で津波の警戒に当たっていました。最初に潮が引き、沖合に津波らしき波が見えます。それでも消防団に危険が迫った緊迫感は皆無です。強い潮の流れで係留されていた漁船が流されます。まだ消防団は平静です。やがて潮が上がり始め、桟橋を越えて目の前を流れていきます。まだ冷静に監視を続けます。そしてついに港の物が流され始めた段階になって、はじめて身の危険を感じて逃げだします。消防車に飛び乗り、「逃げろ！」を連呼しながら港から600メートルで標高20メートルの高田東中学校を目指します。そして到着、住民の避難誘導を開始します。その時点で津波はすでに建物を押し流しながら目前に迫っています。身の危険を認識して逃げだしてから、わずか3分でした。

3　津波と競走はできない

津波の避難では、危険の認識、すなわち「津波が近くに迫ってきた」と認識した瞬間から、実際に危険が自分を襲う、すなわち「津波が足下に到達する」までの時間が非常に短いことがわかっていただけると思います。

米崎では漁港から海の変化を見ることができましたので、津波の接近を早くから認識することができました。それでも、津波が来た危険を認識してから、それが自分の足下に達するまでに３分程度しかありませんでした。

東京や名古屋などの大きな駅で、乗り換え時間が３分しかないことを想像してみてください。混雑していたら、災害弱者はうまく乗り換えができるでしょうか。

海が見えないところでは、危険接近を早く認識するのはさらに難しく、もっと短い時間しか逃げる時間がなかったでしょう。津波は、見えないし、聞こえないのです。独特の大きな音がすると言われますが、それで距離がつかめるわけではありません。「気がついたら目の前に来ていた」という証言がたくさんあります。

「行けるなら、さらに逃げろ」は間違い

ですから、「行けるなら、さらに逃げろ」と言うのは、災害弱者の避難においてはとくに、明らかに間違いです。まず「行けるなら」という判断（リスクマネジメント）ができません。行けるかどうかの正確な判断材料がないからです。「津波がまだ来ていない」という認識はあてになりません。ただ見えていないだけかもしれないのです。「さらに逃げろ」で力の限り逃げて、津波の接近を知って、「これ以上は逃げられない」と認識してから津波が足下に来るまで15秒から長くて3分しか余裕がないのです。そこで、災害弱者はどんな行動がとれるでしょうか。

強い人の中には、逃げ切れる人がいるかもしれません。そういう方は、もちろん「さらに逃げて」くださって結構です。しかし、一般の基準にはなりません。災害弱者には絶対に不可能です。

「津波に追いつかれる前に高台に逃げろ」というよく耳にする文言も物騒な指導です。これは、「できる」人に「やれ」と言っているのと同じで、当然のことをもっともらしく言っているだけです。それで逃げきれる人には特別な対策を考える必要はありません。そのようには逃げられない弱者にも可能な、すなわち誰にでもできる方法が提示されなければなりません。

とくに平野部では、津波は短距離走選手並みの速度で進みますから、「追いつかれるかどうか」という状況になった時点で、その避難は失敗です。

浸水予測範囲は非常に大きな誤差を伴うので、どこまで行けば浸水範囲から出ることができるのか、

事前には誰にもわかりません。逃げて、逃げて、それでどうなるのでしょうか。「運がよければ逃げきれる」と言うのでしょうか。受験生に「とにかく勉強しろ！　ベストを尽くしてよい点を取れ」と言うだけで、結果は運次第と言って責任を取らないのと同じです。「津波に追いつかれるかどうか」という局面にならないようにするのが対策というものです。

4　飛行機のピンチにパイロットはどう考えるか

複数の避難目標を決めておくと言いましたが、少し注意が必要です。複数とは言っても横並びではありません。たとえば、旅客機に緊急事態が生じた場合のパイロットの対応の方法を知っていただくと理解しやすいかもしれません。

ある大きな空港を最終目的地として飛んでいる旅客機になんらかのトラブルが生じたとします。燃料漏れがあり油圧系統の一部にも不具合が生じました。さあ、パイロットはどうするでしょうか？　以下の二つの考え方があります。

増加関数法

これは、値をどんどん大きくするやり方です。今の状態だとA空港までは「確実に」行けるけれど、

「もしかすると」もうちょっと先のB空港まで行けるかもしれない。うまくするとさらに先のC空港まで行けるだろう。「運が良ければ」最終目的地の空港まで行けるかもしれない。とにかく「ベストを尽くして行けるところまで行こう」とする考え方です。可能性を追求する、どちらかというと楽観主義的な考え方です。津波避難に当てはめると、「より安全なところ、より高いところをめざして、そこで安心せずに、ベストを尽くしてとにかく逃げろ！」というやり方がそれです。

減少関数法

値を小さくしていくやり方です。今の状態だと最終目的地の空港までは難しいかもしれないが、それより手前のA空港までなら確実に行ける。でも、今の状態がさらに悪化したら、さらに手前の少し小さいD空港に降りることにしよう。万が一それも難しくなったら、不時着の可能性も考えに入れて準備しよう、という考え方です。最悪の場合を考える悲観主義的な考え方と言えるでしょう。

みなさんが乗客だったら、どちらのパイロットの飛行機に乗りたいですか。

達成の確実性を優先させる

飛行機のトラブルでも、地震・津波避難でも、後者の減少関数法によるやり方が正解です。これから起こる可能性がある様々な不利な条件を悲観的に考えに入れた上で、それでも確実に到達できると思われる範囲内で、自分の最良な目標を最初から決めておくやり方です。そして、条件がきびしいときは、すでに決めてある、より無理のない目標に変えていく（目標を下げる）のです。安全度や利便性をある程度犠牲にしても、達成の確実性を優先させます。「とにかくやってみる」という増加関数のやり方では、その賭けに負けたときには生還は望めないからです。

災害弱者は、自分がそのときにとるべき行動について、事前に十分に分析し、評価して、あらかじめはっきりと決めておくことが必要です。「これをする。このようにする。ここに行く」「これはしない。このようなやり方はしない。ここには行かない」ということを、十分な余裕も考えに入れて前もって決めておくのです。そして本番では、あらかじめ決めておいたことができそうかどうかの判断だけをします。もしも、少しでも「できない」、あるいは「できそうもない」と判断したら、即座に第一目標を目指すことを放棄して、第二、第三の目標に切り替えます。

5　予定外の避難行動をすると

実は、「その場の危険の評価」をしない（できない）にもかかわらず、「とにかく逃げろ！」を実行して悲劇を生んでしまった事例が存在します。宮城県名取市の閖上《ゆりあげ》地区での出来事です。

（写真：平成23年3月13日撮影、朝日新聞フォトアーカイブ提供）

図16　名取市閖上地区の津波被災状況

避難場所であった閖上公民館（右上）と閖上中学校（左下）との間で多くの犠牲者が出た。

閖上地区では、津波の避難場所として公民館が指定されていました。100台くらいの車が駐車できる庭をもつ二階建ての大きな建物です。実際、多くの住民が決められていたとおりに公民館の二階に避難しました。ところが、避難が一段落しようとしていたときに、誰かはわかっていませんが、「先の中学校に逃げろ」との指示を出したそうです。「とにかく逃げろ！」をやったのです。中学校は公民館から見えますし、直線距離で400メートルくらいしかありません。途中も広い道です（図16）。

予定にない避難行動でしたが、住民はせっかく避難した二階から降りて、その指示に従って移動を始めました。そこに津波が来てしまいました。正確な数はわかっていませんが、200

人以上の方が亡くなったと言われています。公民館と中学校の間にはいくつもの二階建て以上の建物があって、それらのほとんどは流失を逸れていますが、ほとんどの住民はそこに逃げ込むことができませんでした。津波の接近に気づいたときには即座に対応できなかったのです。

きっと不安に駆られて、より安全を求める気持ちが先に立ったのでしょう。でも、より安全と考える中学校を目指すなら、間に合うかどうかの評価を事前にした上で、最初から中学校を目指すべきだったのです。

このように、津波避難で予定外のことや評価外のことをやると、災害弱者は犠牲になってしまうのです。もちろん、似たような状況で、予定外の避難を決行したことによって生き延びた方もたくさんおられるでしょう。しかし、それは生き残る能力に長けた人の特別な例か、運が良かっただけなのだと考えたほうがよいでしょう。実際、それらについて時間的な条件を詳しく分析してみると、「助かるべくして助かった」にすぎない事例が目立ちます。災害弱者が実行すべき避難ではないのです。

6　避難目標を決める

それでは、あなたの避難目標を決めていきましょう。

外部目標への避難計画

今いるところを出て、より安全度の高い建物に移動する計画を立てる方法です。

❶ **避難が必要ですか？**

まず必要なのは、あなたは避難が必要かどうかです。この場合の避難とは、他の建物に移動することです。津波が明らかに到達しないようなところでは、家屋の倒壊の可能性が極めて大きいような場合を除いて、今いる家を離れて避難する必要はありません。

❷ **自分で動けますか？**

あなたはひとりで動けますか。あるいは、援護者が必要ですか。それぞれで、避難移動の容易さが異なります。

❸ **津波到達予測時間は？**

あなたの住まいからもっとも近い海岸に津波の先端が到達するまでの時間は、どれくらいと予測されていますか。地震からスタートして海面が10～50センチ程度上昇するまでの時間を津波の到達時間としている場合が多いようです。この数字は国や県がインターネットの防災サイトなどで公開しています。

ただ、この数字をそのまま避難に使うことはできません。地震の発生から避難場所に到達するまでに起こるかもしれない、いろいろな事態を思い出してください。実際にあなたが使える避難移動時間は、予測されている到達時間の半分程度とみるべきでしょう。たとえば、津波到達までに30分と予測されているならば、その半分の15分程度です。このやり方だと、予測の誤差によってより早くに津波が到達しても、なんとか間に合います。

❹ どこまで行けますか？

津波の到達予測時間内で移動に使える時間で、あなたはどの道を通って、どこまで行けますか。もちろん、地図上での最短距離ではなくて、実際の道なりで考える必要があります。

❺ 避難場所として使える建物は？

避難移動に使える時間内にあなたが余裕をもって到達できる範囲で、避難場所として使える建物はどこに、いくつありますか。それらの特徴はどのようなものですか。その時に入れないような建物ではいけません。

❻ ベストな避難目標は？

あなたが余裕をもって到達できる範囲で避難場所として使える建物の中で、もっとも条件がよいのはどこですか。そこがあなたの最良の避難目標、すなわち**第一避難場所**です。できるだけ海から離れて、より標高の高い場所にあり、より頑丈で背の高い建物や場所です。それが公的な指定避難場所でも、そうでなくてもよいのです。到達できなくては元も子もありません。無いものねだりをせずに、使える建物を最大限に使います。

❼ ベターな避難目標は？

あなたが目指す第一避難場所が決まりました。しかし、それだけでは十分ではありません。災害では不測の事態が起こることが前提です。**第一避難場所がだめな場合の選択肢**を用意しておく必要があります。もしも、第一避難場所に到達するのがむずかしいと判断したら、次に条件のよい避難建物（第二避難場所）はどこですか？　そこも難しいなら、次に条件のよい建物（第三避難場所）はどこですか？

❽ 避難経路の決定

避難場所に到達するための避難経路を決めます。最短経路だけでなく、もし途中で通れなくなった場合の迂回路も含めてです。それらの道を使うとしたら、どれくらい余分に時間がかかりますか？

❾ 避難経路の問題の認識

第一～第三避難場所に到達するための道筋で発生する可能性のある通過障害にはどのようなものがありますか？ どこでどのような障害が起こることが考えられますか？ それらの解決のために、事前に打てる対策としてはどのようなことがありますか？ また、その場でどうするか、ベターな対処法を何通りか考えておく必要があります。

以上、準備万端整ったとしても、災害は今すぐに起こるとは限りませんし、そのときまでに歳を重ねます。ですから、避難目標は、何年かごとに見直して決め直す必要があります。

自宅避難という選択肢

地震・津波避難の目標設定では、自宅もその中に入れておく必要があります。どうしても動くのが難しい災害弱者はたくさんいます。ふだんは元気なあなたも、そのときに動けない状態かもしれません。避難というと、なぜか「今いる場所」から出ることだけを考えてしまいがちですが、それは間違いです。避難とは「難を避ける」ことであって、単純に今いる場所を放棄することではありません。あくまで

「今いる場所」が基本です。なぜなら、どんなにきびしい状況であっても、今いる場所の安全度がゼロということはあり得ないからです。

ただし、漫然と自宅にとどまるだけが自宅避難ではありません。津波は身体が水に浸からなければ助かる可能性が高いですから、第6章で詳しく述べたように、自宅の中でもより高い位置に移動することを考えます。

7　保育園や小学校の子どもたちの避難――施設外避難が必要なのか

地震・津波避難で無理ができない災害弱者には、小学校の子どもたちも含まれます。児童は年少者ですので当然ですが、小学校で集団生活しているときには、単独の弱者とは少し異なる、集団ならではの困難さがあります。

集団避難の難しさ

全員が助からなければならない

保育園や小学校は、数十人から数百人の子どもたちが一つの場所に集まって生活する場所です。その避難では、「1人でも多くが助かるように」という考え方は許されません。全員が助かることが求められれます。絶対に１人も残してはいけません。最後の子が避難を完了しない限り、避難の成功にはならないのです。ですから、避難では、子どもたちの集団ならではの特徴を考慮する必要があります。

子どもたちの集団の特徴

子どもたちの集団移動では点呼（個人の存在確認）が欠かせませんが、そのためには無視できない時間がかかります。人数が多いので突発的なことも起こります。もし１人足りなかったらどうしますか？

そして、忘れてならないのは、保育園でも小学校でも、子どもたちには６歳くらいの年齢の差があるということです。12歳以下の子どもたちの集団での６歳の違いは想像以上に大きなものです。保育園ではまだ赤ちゃんから、もうすぐ小学生になる子までいますし、小学校では幼児に近い１年生から、思春期が始まった子までいるのです。体力的にも知識や理解力、決断力や行動力にも、非常に大きなひらきがあります。それらの子どもたちの集団を少人数の先生が統率し、安全を確保し続けなければなりません。

もしも施設の外に避難させるとしたら、どうなるでしょう。どこに向かうにも、避難の形は一列縦隊になります。ふだんのお散歩や登下校の様子を見ているとわかりますが、年少者ほど間隔を詰めての縦隊の移動は難しく、１人に１メートルくらいの間隔が生じてしまいます。そうすると、１００人いれば１００メートル、５００人いれば５００メートルの長い列になります。がんばって間を詰めても、その半分の長さです。この列を、安全確保しながら統率を保って移動させるのは大変です。１人の先生が受け持つクラスの人数が30人とすると、教室ならひと目で全員が見渡せてひとりひとりの状態を確認でき、指示もいっせいに子どもたちに届きますが、30メートルの長さになると、そうはいかなくなります。

1人も置いては行けませんから、移動の速度は歩みのいちばん遅い子どもの速度になります。さらに、途中で突発的なことが起きたり、子どもがケガをしてしまったりしたら、その対応による速度低下はまぬがれません。

がんばりがきかない

子どもたちの集団避難の困難さはそれだけではありません。子どもなりの心理的・生理的な特徴も考えに入れておかなければなりません。それは、大人と違ってがんばりがきかない、ということです。大人は、もちろん個人差はありますが、ある程度までは持ちこたえることができます。子どもも生存本能が強いので、最初はがんばります。しかし、長くは続かないのです。しかも、限界は突然やってきて、それ以上の踏ん張りがききません。ひとたびこの限界が来てしまうと、一歩も動くことができなくなってしまいます。この特徴は、年齢が低いほど顕著です。子どもをお持ちの方は、経験があるでしょう。

さらに、涙と悲鳴は伝染するという特徴があります。1人でも恐怖のあまり悲鳴を上げて泣きだしてしまったら、あっという間に周囲の子どもたちが感応して行動が止まってしまいます。落ち着きを取り戻すまでには長い時間がかかります。

ですから、子どもたちの避難の距離と時間は、できる限り短くする必要があるのです。過剰なくらいの安全マージンが必須です。

校舎を離れることのリスク

このように、保育園や小学校の子どもたちの避難移動には、いろいろな危険が伴うことが避けられません。さらに、考えを進めてみましょう。

災害の発生に際して、ほとんどの保育園や小学校では、子どもたちを園舎や校舎から出して外部の施設に移動させることを避難としていますが、果たしてそれは正しいのでしょうか。そもそも、必要なのでしょうか。

保育園や小学校は、現在では一応の耐震補強がなされた頑丈な建物です。たとえそれが老朽化しているとしても、地域の中では飛びぬけて立派です。

大地震のときに子どもたちを外部に避難させる理由として、園舎や校舎の倒壊の可能性が挙げられることがあります。もちろん、その可能性がないわけではありませんが、もしも校舎が倒壊するようならば、その地域の建物はいったいどうなっているでしょうか。ほとんどの建物が被害を受けていると考えるのが自然です。

校舎が倒壊しないまでも、トラフを震源とするような大地震に見舞われた時に子どもたちが避難移動に使うことにしている道路は、いったいどうなっているでしょうか？　建物や道路が大きな被害を受けて、さまざまな通過障害が発生し、多くの避難する人々で混乱していて、わずかな距離の移動も思うにまかせない状態でしょう。

第一、地震災害はまだ終わったわけではありません。大きな余震が続きますし、さらに大きな本震が起こらないとも限りません。すなわち、街中の避難路の破壊はなおも進行中だということです。だいたい、校舎から子どもたちを移動させる避難目標には、公共施設やお寺、高台の公園などが指定されることが多いようですが、それらは本当に園舎や校舎よりも安全性が高いのでしょうか。そこでは、園舎や校舎とはまた違ったリスクはないのでしょうか。そもそも、避難移動しようとしたとき、それらの避難目標が無事である保証はありますか？　無事か無事でないかが、移動を開始する前にわかりますか？　また、移動している間に、それらが無事であり続ける保証はありますか？

やっと到達したのに、そこは使えない状態だったでは、シャレになりません。子どもたちを、いったん、園舎や校舎から出して避難移動を開始させてしまったら、もとへは戻れないからです。

そのような状況の中に多くの子どもたちを連れ出すのは、戦場に連れ出すのと同じです。いくら津波による浸水が想定されていても、それが三階や屋上にまで達する可能性はそう高くありません。地震で校舎が倒壊したり、津波で流されてしまう可能性が高い小学校は、特殊な立地を除いてほとんどありません。高い階にいる分には、すでにかなりの高いレベルの安全性が獲得されています。その安全をみすみす放棄して、津波に対する安全性がほぼゼロである地面に子どもたちを降ろし、しかも災害が現在進行中の街中を、無事が確認されていない目標に向かわせるメリットはあるのでしょうか？

確かに、津波によって校舎に孤立することは、できるなら避けたいものです。しかし、そのために、上に述べたような大きなリスクを好んで犯すことには大きな疑問を感じます。孤立では子どもたちは死にません。

小学校の避難は、全員が助かって成功とされます。一方、あまり法律的なことは言いたくないのですが、もし1人でも犠牲者が出てしまったら、その避難の考え方と方法を誤りとされ、学校監督者は間違いなく法的な責任を追及されます。「1人でも多くの子どもが助かるようにベストを尽くした」という言い訳は通用しないのです。

命が助かるための最小限の避難――より高い階へ

保育園や小学校の避難では、まず**全員の命だけは助かる最小限の避難**が最優先です。そのためには、内部避難を第一とするべきです。津波被害が想定されていても、特殊な立地を除いて、**最上階や屋上に避難する**ことです。

内部避難を軽んじてはなりません。災害が進行中の環境で、園舎や校舎の中でより安全な場所に子どもたちを無事に移動させ、その安全を守り続けることは容易ではなく、様々な準備と訓練が必要です。

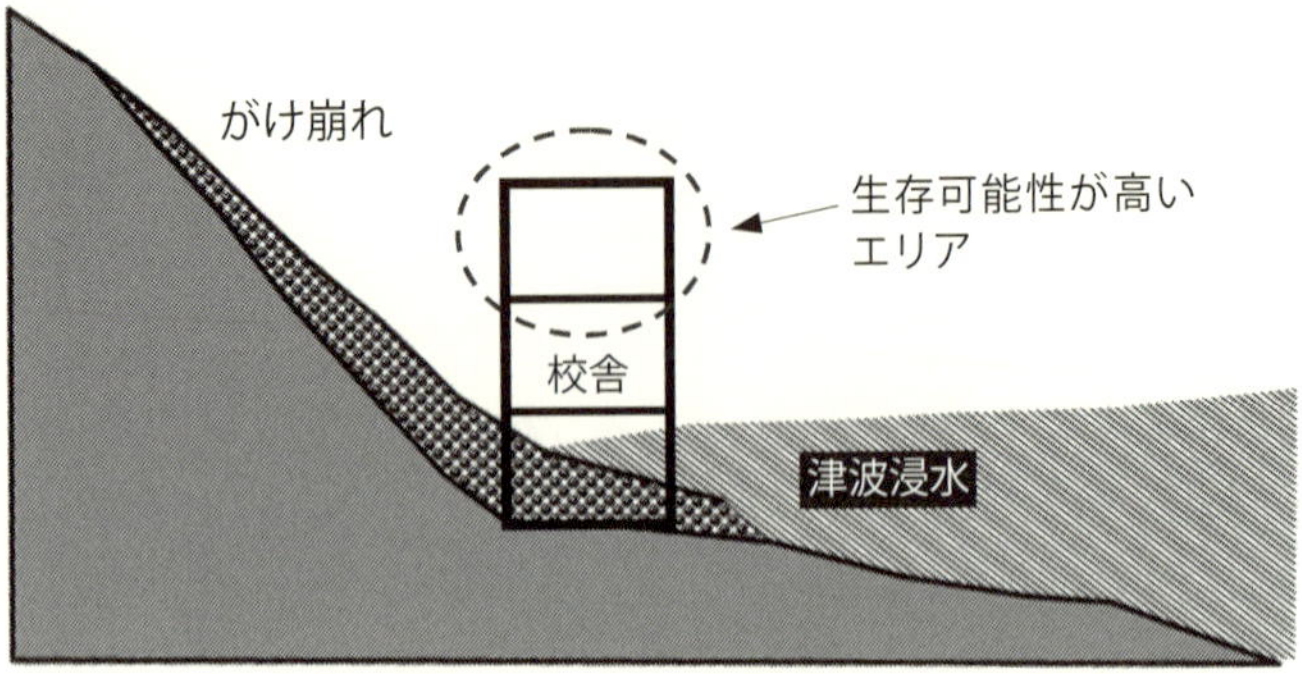

図17　後方が山の学校の生存戦略

ここで、海に近くて津波の襲来が予測される小中学校の避難を考えてみましょう。すぐ裏が山であるような立地の場合です。

津波避難では、「高台に逃げる」ことは有効な手段ですので、校舎を出て裏山に逃げることもひとつの選択肢ではあります。しかし、問題はその裏山の性質です。とくにリアス式海岸に多いのですが、裏山が「急傾斜崩壊危険箇所」に指定されている場合が少なくありません。このような場合、単純に裏山に逃げると、津波からは逃れても、がけ崩れや落石で命を落とすことになりかねません。がけ崩れが校舎に及ぶ可能性もあります。津波は非常に大きな地震によって起こりますし、余震も頻発するので、急傾斜地は非常に不安定になります。「前門の虎、後門の狼」です。

「地震では山に近づくな」ということは、小学生でも知っています。極めて高い津波が予想され、校舎の中のどこにいても危険度が極めて高い場合は、危険を覚悟して裏山に避難移動することもないわけではありません。東日本大震災では、岩手県陸前高田市立気仙中学校のような立地の場合です。

しかし、ほとんどの立地では、低い階が津波で浸水したり、がけ崩れの土砂が流れ込んだりしたとしても、屋上を含めてできるだけ上の階にいれば命だけは助かる状況がほとんどです。このような場合には、無理をせずにより高い階に避難すべきです。「骨を切らせて（多少の建物被害や孤立は覚悟しても）肉を断つ（津波やがけ崩れから命だけは守る）」ことが正解です（図17）。

登下校時の避難

保育園の送迎は親や専用のバスが行ないますので、ここでは話を小学校にしぼります。

子どもたちが学校にいるときは、どんな災害が起ころうとも比較的安全です。比較的というのは、自宅や集落にいるときと比べて、という意味です。小学校は大きくて頑丈な建物なので、そのほとんどが避難場所として指定されています。避難場所に指定できないような建物を小学校として使うことはできないでしょう。

子どもたちは、学校にいる限りは集団生活の統率がある程度とれていますし、統率の専門家である先生がいます。しかし朝夕の登下校では、そうはいきません。大地震が起こったときには、子ども（たち）だけでの対応になります。災害に対して子どもたちがもっとも危険な状態になる時間帯です。なにしろ地震は予告なしです。登下校の時間を避けて起こってくれるとは限りません。登下校は、家が遠い子どもだと、往復で1時間から2時間近くかかる場合があります。一日の時間に占める割合は決して小さくありません。ということは、その時間に大地震が起こる可能性も考えておかなくてはならないということです。

数秒あるいは十数秒のうちに、今までの平和な世界から、生きるか死ぬかの世界へとたたき込まれるのです。しかも、子どもたちだけで。大人が助けに行けるとは限りませんし、行けるとしても助けられる保証はありません。それを前提とした準備が必要です。子どもたちが、そのときに自分で判断し、行動できるようになるための訓練は欠かせません。

学校に走って戻れる範囲（おおむね5～10分程度）なら学校を目指せばよいですが、その範囲外だったりすると、子どもたちだけの難しい対応になります。自宅に近い場所だったとしても、自宅に駆け戻れば済むという問題でもありません。自宅に子どもたちを守れる大人がいる保証はありませんし、自宅の津波に対する安全度は、小学校と比べればはるかに劣ります。

通学路上の子どもたちを守るためには、まず、子どもたちがどの経路を通って、どのような時刻に通学しているのかを、学校も保護者も集落の住民も知る必要があります。いざというときに、守るべき対象である子どもたちの居場所が把握できないでは、話になりません。私がかかわらせていただいている伊勢市立東大淀小学校では、ＧＰＳロガー★を使って、これをはっきりさせる取り組みが始まりました。

上級生のリーダーシップ

登下校時に発災したときには、上級生のリーダーシップが重要です。子どもたちは危険に遭遇すると、本能的により年上の子や先生を見ます。そして、その助けやリードを求めます。ですから、上級生である5年生や6年生には、発災時に最低限の判断や行動ができるように教育して訓練しておく必要があります。11歳や12歳ともなれば、それは可能です。複雑なことは必要ありません。自分の身を守り、助けを求める行動だけに絞ります。

ランドセルなどの避難移動の邪魔になるような荷物は、放棄する必要があるかもしれません。通学時に防犯ブザーを携行させることも有効です。危険を感じたら、とにかく安全ピンを引き抜いてブザーを鳴らします。できれば発光するブザーが望ましいでしょう。自分の居場所を周囲に教えるためです。「ここに子どもがいるよ!」と。

大人は、このブザーを聴きつけて、その音を頼りに駆けつけます。塀などの下敷きになってしまったときには、音と光のシグナルは有効です。下敷きになってしまっても、早期であれば助かる可能性があ

★　GPSロガー

複数個の全地球測位システム（GPS）衛星からの電波を受信し、そのデータを解析することで受信者の位置を継時的に記録する装置。地域の災害弱者の避難時の危険の評価にも使えますし、地震・津波避難だけでなく、たとえば夏場のゲリラ豪雨のときの子どもたちへの対応などにも応用できます。

ります。

もちろん、平時からこの仕組みを集落の人たちに周知しておく必要があります。「大きな地震が起こったら外に出て耳を澄ませてください。このブザーの音が聞こえたら、そこに子どもがいます。音を頼りに駆けつけてほしい」と。保護してからどうするかも検討しておきましょう。一緒にベターな場所に避難するのです。

また、通学途上で大地震が発生したときにとっさに逃げ込めたり助けを呼べたりする建物がまったくないような道は、できれば使わないほうがよいでしょう。どうしても他に適当な道がないならば、さっさと通過してしまう習慣をつけておくことも大切です。

小学校の移転計画について

東日本大震災の被災の姿から考えて、海沿いの小学校の移転の計画が進められている地域があります。小学校は年少の子どもたちがたくさん生活している場ですから、その安全を図ることはとても大切なことです。ただ、その際に少し考えに入れておくべきことがあります。頑丈で設備も充実した大きな建物である小学校は、立地する地域にとって重要な避難場所だということです。

子どもたちの生活を見てみると、小学校にいる時間は1年間、365日、8760時間のうち、約20パーセントに過ぎません。一日の生活を考えても、たとえば1年生が学校にいる時間は6時間くらいですから、24時間の4分の1に過ぎません。あとの時間、子どもたちは地域で生活しているのです。その現実を忘れて、学校だけの安全を優先して強化しようとしていないでしょうか。単純に遠くに移転などしてしまうと、下手をすると、子どもたちの生活の安全度が逆に低下してしまうことを考えるべきです。

行政は、子どもたちが学校にいるときしか直接的な安全への責任がありませんし、学校は「箱もの」で目立つので、その対策を優先したがります。これはいちがいに責められることではないのですが、子どもたちの生活の安全を考えるならば、それだけでは不十分であることも認識しなければならないでしょう。

多くの地域の実情をみれば、たとえ小学校などを移転させるとしても、元の建物を地域の避難場所として発展的に維持管理させていかなければ、地域の災害弱者の安全を守るという移転の意義が活きません。

子どもたちの安全は、単に小学校という建物を安全地帯に移せば済むというものではないのです。ひとつの安全は別の危険を生む場合が多いということです。地域の災害対策は、そのバランスを考えながら、近視眼的にではなく、総合的な観点に立って取り組むことが大切です。

8　情報を使う

避難を開始するときの情報についてもみておきましょう。

気象庁が発信する情報

地震が起こると、気象庁はまず3分程度で津波のあるなしの（可能性の）予報を流します★。これはあらかじめコンピュータに入れてあるデータによる計算結果なので、精度の高い津波の到達予想時刻やその大きさまではわかりません。10分から15分くらいすると、日本各地に設置してある地震計や津波の観測装置からの情報により、もう少し詳しい情報が発信されます。さらに15分くらい経つと、さらに詳しい情報になります。

情報が乏しい中での避難

しかし、東日本大震災では、地震から15分くらいの時点での情報の精度が低く、津波の予測が実際よりもかなり小さなものとなってしまいました。観測機器がダメージを受けたことも災いしたと言われています。さらに、この段階でマスコミが流した現地の映像では、まだ大きな津波が到達していなかったことから、それを見た住民が安心してしまい、避難が遅れた可能性も指摘されています。その後、津波予測は徐々に大きくなりましたが、すでに津波が到達し始めていたり、住民の多くが家を出た後だったりで、最新の情報を得ることができなかったものと思われます。

つまり、ある程度正確な津波の情報を得るには、地震から15分くらいの時間が必要ですが、この時間は避難が必要な地域にとっては無駄にできない避難移動のための時間帯でもあるのです。より正確な情報を待っていたのでは、間に合うものも間に合わなくなってしまいます。十分な情報のないまま、あるいは情報を得ながらの避難にならざるを得ません。最悪を想定しての事前の十分な準備と、それに基づく行動が必要とされるのです。

南海トラフを震源とする地震では、津波の陸地到達が東日本大震災よりも早いと予想されていますので、さらに情報の乏しい中での避難になることを前もって覚悟しておく必要があります。

ラジオを鳴らし続ける

それでは、実際の避難開始です。地震を感じたら、まずラジオやテレビなどで「震源、地震の大きさ、

★気象庁の津波予報
地震によって津波の発生が予測される場合に気象庁が発表する予報。津波注意報は予想される津波の高さが０・２～１メートル、津波警報は１～３メートル、大津波警報は３メートルを超える場合である。

津波のあるなし」の情報を得ましょう。大声を出して、情報が得にくい人にもそれらを伝えます。耳が不自由な人には、文字や身振りで伝えます。瞬時に停電してしまう可能性があるので、電池のラジオが必要です。避難のときに持って行けるくらいの小さなものを用意しましょう。それも、ふだんから使い慣れておく必要があります。そうでないと、周波数をうまく合わせられなくて、情報を受信できないことがあるからです。

情報の受信は、避難の途中も切らしてはなりません。ラジオは避難が終えるまで鳴らしっぱなしにします。そうすれば、ラジオを持たずに近くで避難している人にも情報を提供することができます。地震や津波の情報は、刻一刻と内容が変わります。時間とともに、より詳しくて精度の高い情報が出されていきます。ですから、ラジオを聴き続けなくてはなりません。

待たない、迷わない

津波のあるなしは、地震から比較的短時間でわかりますが、大きさや到達時間の予想は、もう少し時間がかかります。ですから、それまで避難を待っていてはいけません。少なくとも最初の情報で津波の可能性が伝えられたら、避難行動を開始してしまいます。それからの情報は行動しながら取得します。明らかに普通とは違う地震の場合には、情報を得るまでもなく避難準備に入ります。

避難開始で大切なのは、迷わないことです。少しでも避難が頭に浮かんだら、即実行です。**正常性バ**

イアスといって、人間は何かが起こると「まあ、大丈夫だろう」と考えたい性質があります。でも、もし大丈夫でないとすべてが終わってしまいますので、無駄になっても貴重な訓練と思って避難しましょう。たとえ「無駄に終わった避難」だとしても、一生でみればほんの数回なのですから。

防災無線

東日本大震災では、防災無線のスピーカーから、津波警報の発令と避難指示のアナウンスが流されました。「大津波警報が発令されました。高台に避難してください」という内容です。もちろんそれは有効ですが、できれば「あと何分」で到達が予想されるかの**カウントダウン**情報が放送されると、なおよいと思います。なぜなら、人は強いストレスがかかると時間の感覚が普通ではなくなり、その経過をうまく把握できないからです。みなさんも、あっという間に時間が経ってしまったという経験をお持ちでしょう。気づかないうちに時間切れになって、地上で津波に出会うことになる危険を減らさなければなりません。「あと何分」の放送は、**避難移動を止める時点を知らせる**ためです。

また、アナウンスは間延びした口調ではなく、命令調ではっきりと強い口調のほうが有効です。

津波がくるぞ！　今すぐ避難せよ！

という語調です。なにしろ危急存亡の時なのですから、アナウンスもそれにふさわしい雰囲気でなくてはなりません。

ただし、防災無線は停電や機器の故障などではたらかないこともありますし、天候や風向きによっては、はっきり聞き取れないことも多いので、住民は受け身ではなく、情報を積極的に自分から取ろうとすることと、積極的に他人に情報を伝えることが基本です。聞き取れた人が周囲の人に情報を伝えます。とくに目や耳が不自由な方々に対しては、このような支援は避難全般において必須です。

9　極めて短時間の避難

地震から津波の到達までの予測が10分もないような地域があります。東日本大震災ではそのような地域はありませんでしたが、南海トラフを震源とする地震・津波ではたくさんあります。私が住んでいる三重県でも、熊野灘沿岸地域、すなわち熊野、尾鷲、錦、南伊勢、志摩、鳥羽といった地域です。

それらの地域では、極めて短時間の限定的な避難行動をとる必要があります。地震が起こったときに必要な安全確保や情報取得、避難準備行動の時間を考えると、避難移動だけに使える時間は、ほんの数分しかありません。そうなると、移動できる範囲は自宅から数軒の範囲に限られます。あるいは、自宅内部の避難です。いろいろ考えたり迷ったりしている時間はなく、前もって目標や行動の手順を減少関数法の考え方（148–149頁）ではっきりと決めておく必要があります。

このように、ごく短時間の避難を想定すると、第一に必要なのは、町内会など顔の見えるご近所同士の対策です。住民自身が自らの地域の問題として、到達可能でより安全度が高い建物に駆け込めるようにしておく必要があります。

北海道奥尻島青苗地区での対策

このような極めて短時間の避難が必要な地域の対策の参考になるのは、東日本大震災ではなく、平成5年7月12日の夜に起こった北海道南西沖地震、いわゆる奥尻島地震です。この地震では奥尻島の南部にある青苗地区に5～10分後に津波が到達して、大きな被害が出ました。その後、青苗地区では、この被災を教訓にしてさまざま対策が進められました。地区の西半分は標高20メートルの高台なので、そこに駆け上がれるように道路や階段が作られました。とくに階段は数軒に一つの割合で整備されており、しかもその勾配はとてもゆるやかです。直登する急な階段をつけることも可能だったはずですが、災害弱者が登れなくては何にもならないということが考えられています。

熊野灘沿岸部では、山の斜面にたくさんの避難階段が作られていますが、ときどき傾斜が40度近くあろうかという急なものも見かけます。登って上から見ると目がくらみます。階段があまりに急だと強い地震で倒壊する可能性がありますし、余震で1人が足を踏み外して転げ落ちると、後ろの人がそれを止めることができず、全員が将棋倒しで落ちることになりかねません。このような極端に急な斜面に作られた避難階段の上に防災備蓄倉庫が乗っていることもあります。これも、よほど土台がしっかりしていないと、地震で崩落する可能性があり、そうなると二次災害を引き起こしかねません。そういう場所は急傾斜崩壊危険地に指定されていることが多く、避難施設を造るには適当でないのです。避難階段や防災倉庫は、作ればよいというものではないのです。

10　災害弱者の避難援護

地震・津波避難に際して手助けが必要な災害弱者の対策が各地で考えられています。この場合、手助けをされる災害弱者を要援護者、手助けをする人を援護者などと呼ぶこともあります。もちろん、これは互助の観点からも、とてもすばらしいことですが、その実施では少しだけ注意が必要です。

「助けは来ない」を基本に考える

きびしい言い方になりますが、災害弱者は、たとえ寝たきりでご自分ではほとんどからだを動かせない方であっても、「助けは来ない。自分の身は自分で守る」ことを考え方の基本に置かなければなりません。なぜなら、どんなにすばらしい援護の仕組み、どんなに強い人がいるとしても、そのときに確実にそこに助けに行ける保証などないからです。現実には困難なことのほうが多いと思われます。災害弱者は、たとえ助けがなくても、自分なりのベターやベストな避難とは何かを前もって理解していて、それを自分だけで行なうことが基本です。

助ける側の心得――完璧をめざさない

助ける側にも注意が必要です。それは、助ける側の安全度が、助けられる側の安全度まで下がってしまうことを覚悟しなければならないということです。助ける側は助けられる側と運命を伴にすることになるのです。

このような援護で活躍するのは、一般住民が大部分です。消防や警察、自衛隊のような救援のプロではありませんので、高度なことは無理です。命の危険もあり、下手をすれば犠牲になることもあり得ます。だからやめろと言うのではありません。

重要なのは、完璧をめざさないことです。つまり、欲張らないということです。助ける側が空身で獲得できる高い安全度を、助けられる側を連れていて獲得するのは容易なことではありません。自分では動くのが難しい弱者の移動には、素人だと４人から５人が必要です。無理をしても効果は期待できないどころか、かえって双方の危険が増すことにもなりかねません。ですから、助ける側は自分の安全を確保できる範囲（時間と場所）で、助けられる側の安全をわずかでも上げて差し上げるというくらいの手助けでよいと思います。あくまで理想の避難場所を目指して、助ける側も助けられる側も時間切れになって、地上で津波に遭遇したのでは元も子もありません。

避難の形を事前に決めておく

助けられる側は、もし避難を援護してもらえたら、予想される避難に使える時間の中で少し余裕をもってどこに移動できるのかを、安全度のレベルを変えて三つくらい決めておきましょう。もちろんこれは、助ける側といっしょに決めることが必要です。無理がなく実行可能な避難の形を考えましょう。

本番では、助ける側は自分の身の安全が十分に確保できる範囲で、助けられる側の移動を手伝います。

第8章

避難場所で命を守る

避難移動を終えたみなさんがとりあえず落ち着く避難場所や避難所についても考えておきましょう。

避難場所とは、災害に襲われたときにとにかく生き延びるための場所です。避難所とは、そういった当面の危機が落ち着いたあとに、ある程度の期間、家を離れて暮らす場所です。ここでの話は両方にあてはまるものですので、煩雑さを避けるために「避難場所」とだけ表記します。

1　避難場所に馴染んでおく

平成26年の夏、三重県では台風の通過に伴って大雨となり、気象庁が大雨特別警報を発令したので、県民の三分の一にあたる57万人に避難指示が出されました。ある自治体では住民全員に避難指示を出しましたが、避難場所の収容人数が住民の1割分くらいしかなく、実際に避難した人も住民の千人に1人程度に過ぎなかったという珍妙な現象も起きました。大雨特別警報が出るような状況では家の外への避難が難しかったということもあると思われますが、住民の避難意識が低いことも事実でしょう。なぜ避難意識が低いのでしょうか。

避難は大きな労力と危険を伴いますし、一度避難してしまうと、ある期間は家に戻れないかもしれないという不安もあります。危険を考えるのは不快なことなので、まあ大丈夫だろうという正常性バイアスもはたらきます。気象現象は大きな誤差を伴うので、気象庁の出す注意報や警報は大きな安全率を掛けてありますから、「当たる」ことより「外れ」のほうが多くなってしまうのは致し方ないことなのですが、それが、「またか。まあ、大丈夫だろう」という「オオカミ少年」現象につながっているのかもしれません。実際に今まで大丈夫だった経験も、その意識を大きくします。

先日、伊勢市大湊町の大湊振興会の会長さんからお聞きした話です。大湊は昔から造船と海運で栄え、伊勢の繁栄を支えた歴史ある町です。住民の方々も、その歴史を大切にして大きな誇りをもっておられます。一方、1498年の明応地震では、津波で多くの住民が亡くなったと伝えられています。大湊では、週に一度、一人暮らしのお年寄りを災害のときに避難場所となる集会所に呼んで、様々な楽しいイベントを開催しています。お年寄りは「ふだんから居心地がよくて馴染んでいるところにしか、避難して来ないから」とのことです。

この話は、災害避難を考える上でとても大切なことを示唆しています。避難場所へ行くのは、一時しのぎが目的です。家庭と比べれば、トイレなどの生活に必要な設備が十分であるはずがなく、ふだんは訪れたこともない人がほとんどでしょう。そこに馴染んでいる人はまれなのです。そういうところに、労力と危険を覚悟で、人は積極的に行きたいと思うでしょうか。そして、そこを自宅よりもはるかに安全な場所と認識するでしょうか。

馴染みのないところへは、できれば行きたくないと思うのが人情です。行かないで済む理由なら山ほど考えることができます。とくに災害弱者は、避難場所で過ごす不便さやストレスを考えると、二の足を踏んでしまいがちです。災害弱者の危険は、避難場所に着けば解消されるわけではなく、新たな、しかも未知の困難が待ち受けているからです。

避難対策を進めるには、設備だけでなく、人間的な「馴染み」という部分にもっと目を向ける必要があると思います。

2　からだを冷やさない

地震・津波避難で最優先で考えるべきことは、津波到達までに避難行動を完了することですが、同時に、自分や家族のからだの状態を良好に保つことも重要です。逃げることができたのはよかったけれど、もしからだに不都合が起これば、ふだんよりも環境条件が厳しい中で、困ったことになります。

気を付けなければならないことの第一は、**絶対にからだを濡らさない**ことです。濡れてしまったらすぐに着替えなければいけません。そのためには着替えの用意が必要です。

ふだんでも人間のからだは熱を生み出すと同時に、その熱はどんどん失われています。からだが濡れると、からだからの熱の放出が進み、熱の生み出しがそれに追いつかないと体温が下がってしまいます。体温が異常に低くなると**低体温症**になり、からだの機能が失われて、冬はもちろん夏でも死亡する可能性があります。4～5日食べるものがなくても人は死にませんが、体温が奪われると命は数時間しかもちません。

通常の正常な体温は36℃から37℃の間ですが、からだから熱が奪われて35℃台になると、意識は正常ですが寒気や震えが始まり、手足が冷たくなって細かな動きができにくくなります。低体温症の始まりです。

35℃から33℃の間まで低下すると、激しい震えが起こります。筋肉がなんとか熱を産み出そうとするためです。ものごとへの関心が薄れはじめ、さかんに眠気を催します。からだがふらつき、言葉も不鮮明になってきます。本格的な低体温症の発症です。

33℃くらいまで下がると、自発的に話すことはほとんどなくなり、動くことも難しくなります。30℃近くまで下がると意思の疎通が困難になり、急に錯乱状態に陥ることもあります。雪山で寒いはずなのに衣服を脱いでしまうといった行動が起こる体温です。もはや筋肉が震えて熱を産み出すことができず、からだのエネルギーが失われてしまいます。

そして、28℃くらいまで下がってしまうと、呼吸や心臓の拍動が弱くなって瞳孔が開き、昏睡状態に陥ります。不整脈も起こります。そして体温が20℃付近まで下がってしまうと、心臓が停止して死に至ります。凍死です。

このように、体温が少し下がっただけでもからだに重大な不都合が起きるのは、心臓などを動かすために使われている酵素がうまくはたらく温度が37℃くらいだからです。そこから下がると、酵素のはたらきが低下してしまうのです。体感温度の20℃は快適な温度ですが、からだの中の20℃は死の世界なのです。

これらの過程は、環境条件がきびしいと数時間のうちに進行します。たとえば、屋根のない避難タワーや山の階段にやっとのこと登って津波から逃れることができても、気温が低いところに雨が降っていてからだがずぶ濡れになったりすると、そこで体温の維持ができなくなり、数時間という短時間のうちに命が危険な状態に追い込まれます。夏でも凍死する可能性があります。

低体温症の危険を感じたら、33℃くらいまでは、あらゆる手段を使ってからだを温めます。風をさえぎって冷たい空気にさらさない。冷たいものに直接からだを触れさせない。濡れたところを空気にさらさない。また、からだ全体を何かで覆って、熱が失われることを防ぎます。

もしも体温が33℃以下になってしまったら、一般の方では救命が難しく、医療機関での治療が必要になります。むやみに温めたり動かしたりしてはいけません。からだの表面で冷やされた血液がからだの中心に一気に戻って心臓を冷やすことで異常な拍動を誘発する**アフタードロップ**という現象を起こして、致命的になってしまうからです。絶対に33℃まで体温を低下させてはいけないのです。

私が対策のお手伝いをした小学校では、子どもたちは屋上に避難することになっていますので、飲み物、食べ物より先に、まず子どもたちを絶対に冷やさない対策から始めました。子どもたちを雨に濡らさないために、様々な対策が打ってあります。ブルーシートを上側と側面に張って、子どもたちを雨と風から守ります。ブルーシートの固定に必要なワイヤーは、ふだんから屋上に設置してあります。

行政からは救命胴衣が支給されました。これは現実の津波で生き残るためにはあまり有効とは思えませんが、断熱性の高いウレタン素材ですので、座布団として使って子どもたちのおしりが冷えるのを防ぎます。救命胴衣は、いよいよ万策尽きたとき、最後の手段で身につけます。

登山などで使う保温用のサバイバルシートも人数分以上に購入しました。薄いものなので、折り畳まれていると非常にコンパクトですし、使ってみるととても暖かくて有効です。アルミ蒸着なので、反射材として空に向けて信号を発信するのにも使えます。使い捨てのカイロも住民から提供していただきました。

さらに、子どもたちは下着を含む二組くらいの着替え用のセットをロッカーに入れています。タオルやマスクなども入っています。使い古しのジャンパーも一緒に置いてありますので、避難するときに持って屋上や三階に上がります。このように、とにかく子どもたちを絶対に低体温症にしないことに万全を期しています。

3　暑さ対策

暑さ対策も必須です。暑いとからだは熱を逃がして体温が上がらないようにするために発汗します。同時に塩分も失われますので、そのまま水分と塩分を補給できないと、熱中症になる危険があります。体温が上がって痙攣や意識障害が起こり、重くなると命にかかわります。水分と塩分を補給すると同時に、できるだけ体温を上げない対応が必要です。そのために、お祭りで使ったあとの団扇を住民から提供していただき、大量に備蓄しています。熱中症のおそれがある子どもたちに、スプレーで水やアルコールを含む水を噴霧して団扇であおぐことで、気化熱によって体温を少しでも下げようというのです。使えるものは、何でも使います。

4　事前の準備

避難場所で災害弱者を守るためには、事前に準備しておけることが多くあります。というよりも、事前に準備しておかないと、大規模な被災状況の中で災害弱者を守ることはできません。災害弱者を守るための事前の準備は、健常者の命を守ることにもつながります。

赤ちゃん

まず、赤ちゃんですが、すぐにミルクが必要ですので、お母さんが授乳できる場所を確保できるようにします。プライバシーを守れる最低限のスペースです。ミルクの調製も必要です。また、被災のストレスから母乳の出が悪くなる可能性を考えておかねばなりません。そのためには、粉ミルクはもちろんですが、熱源と水が必要です。お湯を沸かすためです。避難場所は、電気やガスが止まっていることを前提にして考えますので、小さくてよいですから、ガスや石油などの簡易ストーブを準備しておきましょう。キャンプ用品で良いものがありますし、長期保存もできます。

また、学校であれば、調理場や実習室用のガスボンベやコンロなどがあることが多いので、活用したいものです。そのためには、それらの装備が地震や津波で失われてしまわないような工夫をします。たとえば、ガスボンベは屋外に置くのが普通なので、津波の流れや浮力で力がかかって破損したり流失したりしないために、金属のチェーンなどで厳重に固定します。ボンベは配管が破損しても、替えのバルブとホースがあれば使えますので、備蓄場所に予備を置いておくとよいですし、それらの設備を扱える住民にあらかじめ協力をお願いしておきます。

また、忘れてはならないのは、鍋ややかんなど、お湯を沸かすための道具です。少し大きめなものを確保しておきましょう。新しく買わなくても、地域でお古を寄付していただけます。お湯を沸かせると、ミルクの調製以外にも様々なことに使えますし、何よりもみんなが安心します。湯気が立ちのぼる姿や一杯のあたたかな飲み物には、想像以上の大きな力があります。

赤ちゃんは、哺乳瓶がなくても、カップフィーディングといって、カップから上手にミルクを飲むことができます。この方法を習っておけば、哺乳瓶をいちいち消毒する手間がいりません。地域には、ミルクが必要な乳児が千人あたり10人、つまり人口の１パーセントくらいいるのが普通です。妊婦さんも同じくらいいます。これらの数から、避難場所で必要となる粉ミルクやオムツの数を推定するのは、むずかしくありません。10日間くらいに必要な数や量を割り出して備蓄しましょう。

赤ちゃんは、生後すぐはミルクを１日に６００ミリリットルくらいを飲みますが、３か月以降は１１

00ミリリットルくらい必要で、1歳になるまでを考えます。それ以降で普通食がまだよく食べられない幼児のためには、離乳食を考える必要があります。今は保存可能なレトルトのものがありますし、お湯が沸かせるといろいろな普通食品を離乳食に応用できます。

高齢者、疾患のある人

高齢者については、体調管理が主体になります。投薬が必要な方も多くいます。これは高齢者に限りませんが、とくにトイレの導線に注意が必要です。移動が難しい方がいるご家族ほど、トイレに近い場所を割り当てます。視覚障がいの方がいる家族は部屋の側面に近い場所がいいでしょう。また、障がいや病気については、相談を受ける体制を作っておく必要があります。

高齢者や基礎疾患をもたれている方で、ふだんから服薬をされている方は、避難中に薬が尽きてしまう可能性がありますし、その時の状況で持ち出せないこともあり得ます。地域の備蓄や医療支援から薬を得ることになりますが、その時に必要なのは、どのような病気でどのような薬を飲んでいるかの情報です。薬の名称と量です。記憶しておくのは困難ですし、記憶違いも起こりますから、薬をもらった時の説明書や処方せんのコピーを、お財布の中に折り畳んで入れておきましょう。とくに、高齢者は必ずお財布を持って出ますので、そこに入っていれば安心です。その情報があると、医療支援チームも、そこで出会う住民にどのような病気や障がいがあって、どのような薬が必要かがすぐにわかります。

災害弱者はただ待つのではなく、自分のほうから積極的に情報を出していくと、状況が良い方向に変わることがよくあります。実は、避難場所の運営がうまくいくかどうかのカギは、災害弱者から情報が出しやすく、また、その情報を受け取りやすくする仕組みを作れるかどうかです。災害弱者が動きやすい環境は皆が動きやすい環境だからです。

5　備蓄物品

地震・津波避難では、その時に持ち出すべき物品の事前の準備が推奨されています。家を出てしばらく避難場所で生活するために最低限必要となる物資です。しかし、現実にはどうでしょうか。

強い地震で家の中が大きく混乱していて、しかも津波の到来までの時間が限られている中での脱出移動になります。もちろん、事前に持ち出し準備をしておくことは大切ですし、実際に持ち出せればそれに越したことはありませんが、一方で、それらを持ち出せない場合があることも想定しておかなければなりません。また、災害弱者が重い荷物を背負って避難移動することは非現実的で、決してすすめられるものではありません。

大学の母性看護学の先生が、赤ちゃんの3日間の避難に必要な物品をそろえてバッグに詰めてみたら、8キログラムにもなりました。お母さんがこのバッグを持って、赤ちゃんを抱いて避難することができるでしょうか？

地震・津波避難は、一生に一度あるかないかの危急存亡のときですから、とにかく生き延びることが最優先です。そのために、私が協力させていただいた小学校では、地域の人たちが身ひとつで避難して来られるように、3日から1週間の避難生活を可能にするための物品の備蓄を進めています。少子化に伴って、使わないで済む教室が出てきましたので、三階の教室のひとつを備蓄倉庫にしました。棚を設置して、そこに様々な物品を整理して保管しています。

そのときに注意しているのが、地震の揺れで物品が破損したり、万一、津波の水が浸入したり雨が吹き込んだりしたときに物品が濡れて使えなくならないように、**防水梱包をしておく**ことです。物品は、小学校用、保育園用、住民用、災害弱者用などに分けておきます。基本的には、小学校用は小学校が、保育園用は保育園が、住民用は住民が準備します。もちろん共用の物品も多く、融通しあい、助け合うのはもちろんですが、「自分の身は自分で守る」意識をもっていただくために、基本的には自分で準備します。

どのような品物を備蓄物品とするかについては詳しく書かれた書物がたくさんありますので割愛しますが、住民の立場で考えてアイデアを出し合い、しかもできるだけ住民や行政の負担にならないように進めることが大切です。食料は大量購入すると安くなります。使用期限が来たら、その直前に給食や避難訓練などに使ってしまい、新しいものを購入します。先に紹介したお祭りで使った団扇など、その気になれば地域には活用できる資源がみつかるものです。中古品で十分です。提供していただきましょう。明日起こるかもしれない地震・津波対策には、先立つものは予算などと悠長なことは言っていられません。

物品として忘れてはならないのは、トイレットペーパーや生理用品、簡易ビデなどの女性衛生用品です。はさみ、カッター、マジックなどの文房具類や、ビニール袋、ガムテープ、紐やロープなどの梱包整理用品も必須です。

お話しにくいことですが、最悪を想定する必要があるということは、ご遺体を包む大きくて丈夫なビニール袋なども必要になるということです。地震・津波対策では、生きる対策だけではなく、死の対策も必要なのです。

6　トイレは最優先の課題

地震・津波対策で優先度がもっとも高いのは、食べ物でも飲み物でもなく、トイレの問題です。避難した瞬間から住民全員に必須ですし、一刻の猶予もならないからです。排泄の問題は、健康、こころ、衛生、すべてに根本的なところで結びつきます。東日本大震災では、トイレの数が足りなかったり、あまり衛生的でなかったり、使うのが不便だったりした避難所がありました。そのために、とくに高齢者がトイレに行くことを躊躇して、食べたり飲んだりを無理してひかえてしまったために、脱水傾向になって脳梗塞や心筋梗塞を発症してしまったという例が少なからず出てしまいました。

トイレは一日の排泄量や回数から推定して、千人あたり20個くらいあるとよいでしょう。立派なものである必要はなく、プライバシーさえ守れれば、汚物は袋に密閉して後で処理できます。衛生の管理も、知識のある住民は必ずいますし、平時から準備しておけば問題を最小限にできるでしょう。トイレの問題を解決できると避難所の運営はかなり楽になりますので、まず取り組んでいただきたいと思います。

7　避難タワーの問題点

各地で津波避難タワーが造られています。平成26年3月に津波避難対策特別地域が指定され、国からお金が余分に出るようになりましたので、建設が加速されるでしょう。確かに、高いところが限られる平地や、津波到達までに時間がない地域では、とりあえずの救命ができる津波避難タワーは有効な施設です。

ただし、避難タワーにも有効性と限界があることを知らなければなりません。避難タワーを造れば地域の安全が大幅に改善するわけではありません。そこに到達するには時間と労力が必要ですので、それが可能な住民だけが利用できます。到達できない住民は必ずいます。

津波避難タワーは目立つので注目は集めますが、要するに「地域に小さな骨組みだけの高い建物（ビル）がひとつ増えた」というだけの話です。そして、注意しなければならないのは、ビルと比べて劣る点です。避難タワーは屋根がないことがほとんどです。たまに屋根があっても、壁がありません。つまり、避難タワーは屋外なので、基本的には一時的な緊急避難場所です。雨露や暑さ寒さを完全にはしのげませんし、トイレの数も食料の備蓄も十分ではないでしょう。たくさんの人が避難してくれば、座ることさえままならないかもしれません。

晴れて暖かなときに被災して、しかも短時間に津波の水が引いてそこからの脱出が可能であれば、大いに役立つことでしょう。しかし、地震・津波避難では、常に最悪を想定するのが基本だということを思い出してください。暑さ寒さの中で気象条件が悪く、しかも浸水がなかなか引かずに救助も来ないような条件下では、津波避難タワーは、たちまち非常に厳しい状況に追い込まれます。災害弱者はすぐに生命の危機に瀕します。

津波避難タワーは、もともとは海岸などで緊急の避難が必要なときに使うシェルターです。それを住民の重要な避難場所として位置づけるならば、１週間程度の生活ができる装備と**ロジスティックス**（後方支援）が確立されていなければなりません。それがなければ、避難タワーは１日を超えた避難場所としては使えません。津波の水がなかなかひかずに孤立が避けられない平野部に建てられた避難タワーは、それらなしには悲劇のタワーになってしまうでしょう。想定されるような大規模な地震・津波災害になると、かなりの長い時間、助けが来ないことを覚悟しなければならないからです。

ある避難タワーは六階や七階が最上階ですが、入り口も階段も狭く、各階にスペースが設けられているにもかかわらず、途中の階では階段が手すりで閉じられていて出られません。登り始めたら最後まで頑張るしかないのです。みんなが最上階まで行くしかない「すべてか無か」の構造です。災害弱者の中には、きっと「私はここでいい。もう登れない」という人が出てきます。私でさえ、一気に最上階まで登ると息が切れるくらいでした。誰かが登るのを途中でやめれば、そこで避難の列が詰まってしまいます。六階まで登りきれば20メートルの高さがあるので確実に助かるでしょう。でも、これが生身の人間のことを考えた避難施設と言えるでしょうか。

このように、いくら見栄えはよくて対策が進んだかに見えても、実は、**助かるべくして助かる人をより助かりやすくしただけで、助かりにくい人の環境はあまり改善されていない**という事例が目につきます。

なぜなのでしょうか？　その考え方の根本にあるのは、「とにかく逃げろ！」なのではないでしょうか。人間が助かるためにはどうしたらよいかを考えていたはずが、いつしか、物理的に助かる器のほうだけに意識がいき、その器に人間を無理やり合わせようとする対策になってはいないでしょうか。

第9章

動き出した地域での災害弱者対策

災害弱者の視点からの地震・津波対策の考え方を知った伊勢志摩のいくつかの集落で、現実的な対策が動き始めています。そこで住民の皆さんが共通して言われるのは、今までは、対策の必要性を感じてはいたけれど、何をどのように、どこから手を付けたらよいのかわからなかった、ということです。立派な講演を聴いても、「それでは、具体的に自分たちはどうしたらよいのか」の答えはなかった。それが災害弱者の視点に立つことで、目の前の霧が晴れて、一歩が、そしてその次の一歩が踏み出せるようになったとおっしゃいます。一歩が踏み出せれば対策は進みます。具体性は次の具体性を生むからです。

1　自治会と社会福祉協議会が中心となって進む対策（志摩市志摩町和具地区）

2016年伊勢志摩サミットで注目を集める志摩市のもっとも南側に前島半島があります。南側を太平洋に、北側を真珠養殖で有名な英虞湾に面した風光明媚なところです。ここは市町村合併前の志摩町で、和具《わぐ》、布施田《ふせだ》、片田《かただ》、越賀《こしか》、御座《ござ》の集落があります。

和具は半島の中央部に位置する人口5千人あまりの集落で、標高20メートル程度の丘陵地形の比較的低いところに集落が集中しています。心配される南海トラフを震源とする地震では、10分程度で10メートル内外の津波の襲来が想定されています。ここでは、災害弱者の視点からの対策の考え方（本書で述べてきたこと）を知った志摩市社会福祉協議会が、積極的に自治会や行政にはたらきかけてくださり、具体的な対策が始まりました。

まち歩き

まず、「まち歩き」を実施して、地域の現状を記録しました。この「まち歩き」は、一般的に行なわれているような危険個所をチェックするものではありません。机上ではなく、実際に何がどこに、どのような状態であるのか、地域の現状を知るための調査です。

すべてのものは危険にも安全にもなり得ます。最初から「危険さがし」の視点で見てしまうと、判断が偏ってしまったり、見のがしをしてしまったりするので、できるかぎり、ありのままを客観的にとらえるようにします。家屋の分布やその性状、塀の高さや道の広さ、私的あるいは公的な施設の位置、その地点の標高といった項目について記録を取り、集落の物理的な基本図を作っていきます。この基本図をもとに、災害弱者が避難する場合を想定した問題点について、様々な方向から考察を加えます。そうすることで、和具地区の基本的な避難の流れが見えてきました（図18）。

段階的な避難

第7章で説明したように、ひとりひとりの避難目標を段階的に決めておくということがそのとき即座に行動を起こすために必須です。和具では次のように決めました。

第一段階の避難として、大原則「絶対に地面の上で津波に遭遇しない」にしたがって、必ず実行可能な自分のベストやベターな場所に避難します。危急存亡の危機がとりあえず落ち着いたら、第二段階として、自治会が指定する少し大きな避難場所に移動して安全を確保します。そこでは安否確認や応急手当などが行なわれます。そして第三段階として、学校や公共施設などの大きな避難所に移動して行きます。

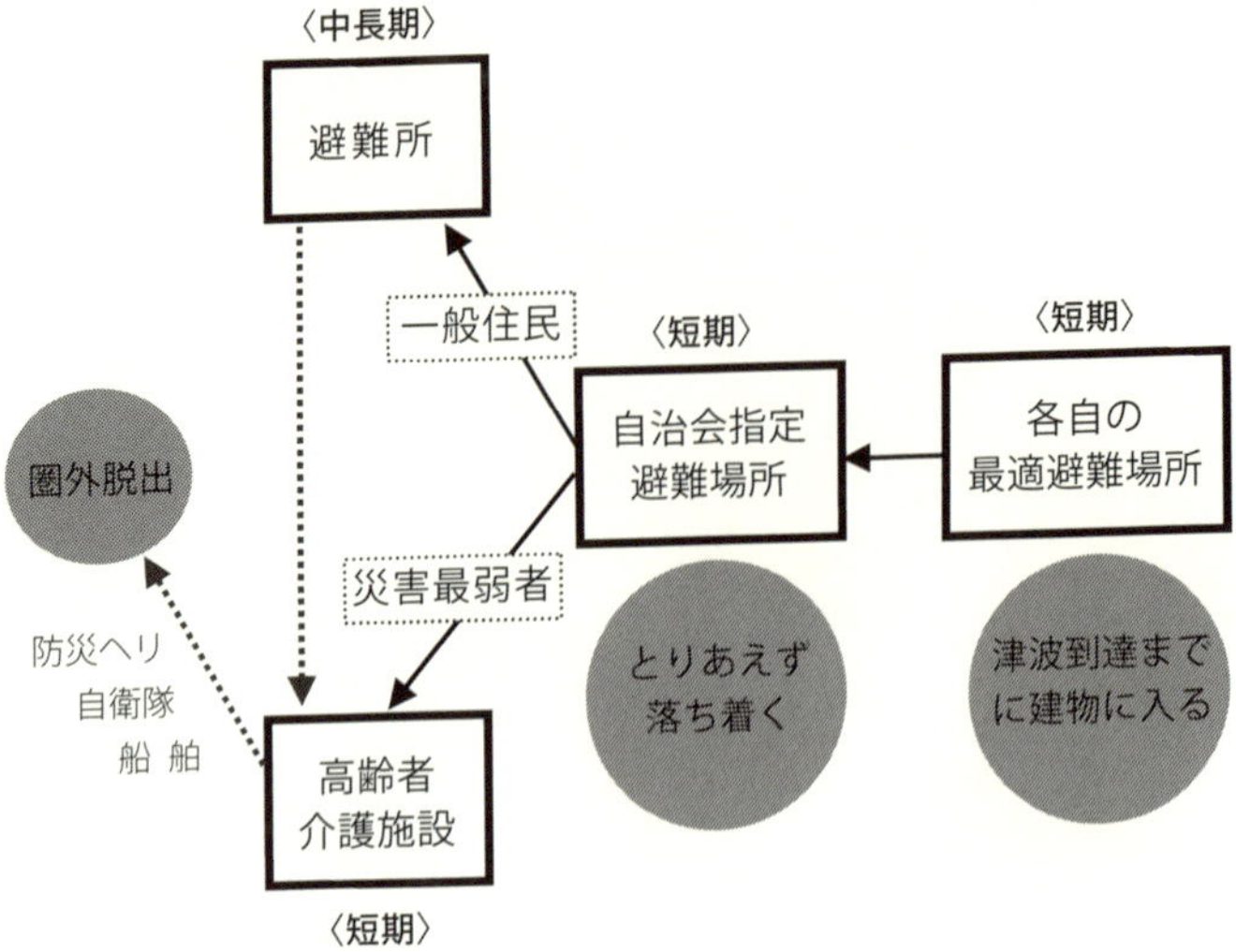

図18　志摩市和具地区の地震・津波避難

避難所

和具の対策では、第三段階の避難所に重要な特徴があります。

ここには、志摩市が建設し公益社団法人地域医療振興協会が運営する介護老人福祉施設「志摩の里」があります。約100名が入所できる大きな施設で、医師と看護師が勤務しています。第三段階の避難所への移動に際して、災害最弱者、すなわち災害避難ではもっとも不利な立場に立たされる乳児、妊婦、重症患者、徘徊のある高齢者などを「志摩の里」に保護していただくことにしました。ある程度の避難環境に耐えられる残りの方々は避難所でがんばっていただきます。

災害最弱者の保護がうまくできると、避難所の運営は格段に楽になります。決してそれらの方々を差別するわけではありませんが、きびしい環境下になりますので計画段階からきちんとした区別ができていないと、災害最弱者はさらにきびしい状態に追い込まれてしまうでしょう。それは周囲への負荷にもなって、全体の環境をさらに悪化させてしまうという悪循環に陥ってしまいます。

一方的に「志摩の里」にお願いするのではありません。住民の中には、現役ではなくても看護師や介護士の資格と経験をもった方が数多くいます。三重県では県民60人に1人くらいの割合で看護師の有資格者がいます。もちろん強制ではありませんが、それらの方々に「志摩の里」に支援に入っていただきます。

また、ここには三重県立水産高等学校があります。自治会と学校側とが地震・津波対策についての話し合いをもって、共同の取り組みが始まりました。いまは使われていない寮の建物や、実習船を使わせていただけることになりました。ただ使わせていただくだけでなく、たとえば、寮の建物の維持に住民がかかわります。実習船は、海水から真水をつくる装置をそなえていますし、災害弱者を宿泊させていただけますし、重症者などを沖合の支援船舶に送り届けていただくこともできます。

地域にある公共性の高い施設や組織は、行政との間で災害時の支援協定を結んでいることが多いのですが、ただそれだけでは助け合いは動きません。そこに「顔の見える関係」を育てることが不可欠です。助け合いは義務や権利ではなく、心のつながりだからです。

多くの地域では災害対応のための資源は多くありませんので、今ある資源、今いる人材を最大限に活用することが必要です。和具では、その取り組みが着実に動き出しています。

2 小学校と町づくり協議会が中心となって進む対策
（伊勢市東大淀町）

東大淀町は、伊勢市のもっとも西側に位置する伊勢湾に面した人口約1500人の集落です。伊勢平野の真っただ中にあるので、土地の標高は最高でも3メートル程度しかありません。南海トラフ地震では、約30分後に4メートル前後の津波が襲来する可能性があると想定されています。

集落の中心に鉄筋三階建ての伊勢市立東大淀小学校があります。校舎には避難階段も設置されていま す。小学校の他に津波避難場所として十分な高さと強度をもつ建物は、東端の自衛隊官舎と、西端の食品会社の工場の3つしかありません。

小学校は、内陸側に3キロ以上離れた高校や、5キロも離れた丘陵への避難訓練を行なっていました。しかし、途中はう回路も逃げ込む建物もない田畑が続く危険地帯です。新しく着任した校長先生が、災害弱者の視点からの地震・津波対策の考え方を聞いてくださり、「今までの避難はリスクが大きすぎる。非現実的だ」との認識から、具体的な対策が始まりました。

小学校と東大淀地区まちづくり協議会が連携して何度も「まち歩き」を実施し、集落のどこに何があるのかを詳しく調査してデータを蓄積しました。

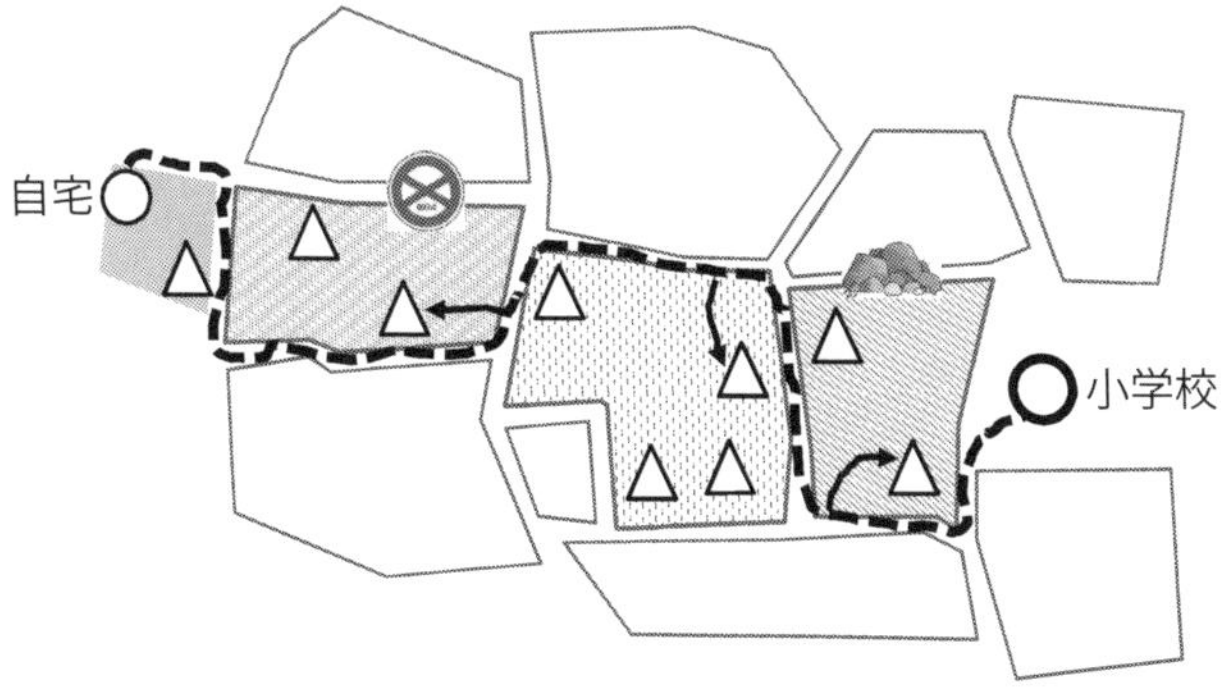

図19　伊勢市大淀町の避難の考え方

その結果、東大淀集落の地震・津波対策は、道路で区切られた区画を単位とすると考えやすいことがわかりました（図19）。避難を目標への線や面で考えてしまうと、対策をすすめるための手がかりが不明確です。一方、集落は道路によって一辺が50～100メートル程度の多数の区画に区切られています。それぞれに区画には目標に到達できなかったときに逃げ込めるような建物や、逆に避難の障害になりそうなものがあります。

実際の避難では、住民は自宅がある区画から、より避難場所に近い区画へと移動していきます。時間切れや問題の発生などで、もし、目標への到達が難しくなったら、無理せずに途中の区画にある建物に逃げ込みます。それを可能にする取り組みが始まっています。第8章で少し触れたように、登下校時の子どもたちを地震・津波から守る仕組みづくりも進められています。

この集落と共同で、鳥羽商船高等専門学校制御情報科のプログラミングチーム〝ブルドック〟が、スマートフォンを使って災害弱者の避難移動を誘導するシステムを開発中です。その第一版は平成26年度の全国高等専門学校パソコン甲子園で準優勝を獲得しました。現在、前出の和具地区の自治会も加わってさらに改良が続けられています。

3 産学官民の連携で進む対策
（伊勢市大湊町）

伊勢市大湊町は宮川と五十鈴川の河口の人口約3千500人の港町で、伊勢湾に面しています。古くから造船業と海運業が盛んで、伊勢湾の商業の中心地として栄えました。戦国時代には多くの大名と強く結びついていたために、現在でも貴重な文化財が数多く残り、住民同士のむすびつきも強く、独特の文化をもつ地域です。一方、土砂が河口に堆積してできた土地であるために標高が低く、1498年に起きた明応地震では、津波で千軒の家屋が破壊されて5千人の犠牲者が出た記録が残っています。たびたび津波の被害にあいながらも再興してきた町でもあります。現在、町の中心に住民の意向を多く取り入れた大きな津波避難タワーが伊勢市によって建設され、その運用方法が議論されています。

ここでも伊勢市立大湊小学校と大湊町振興会（自治会）で、災害弱者の視点からの地震・津波対策の話をさせていただいたのをきっかけとして、具体的な動きが始まりました。ただ、大湊町では、前出の2つの地域とは少し異なり、産学官民の連携です。具体的には、三重大学生物資源学部、皇學館大学教

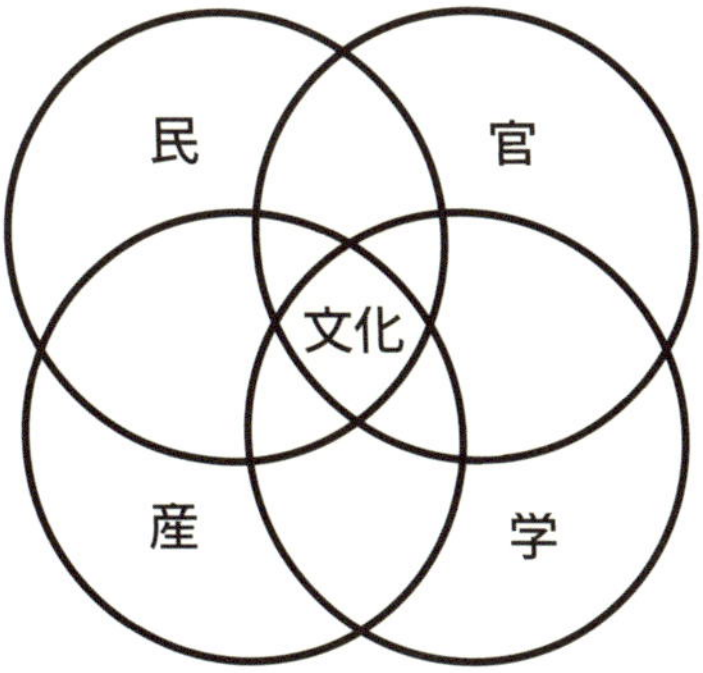

図 20　伊勢市大淀町の災害対策連携モデル

育開発センター、首都大学東京健康福祉学部、愛知県立大学看護学部（著者）、および鳥羽商船高等専門学校制御情報工学科の研究者、それに毎日新聞伊勢支局や伊勢市の行政が大湊町（中心は大湊町振興会と大湊小学校）と連携します。「産」との連携はさらに増えるでしょう。

　大湊町の対策の特徴は、単に防災だけが目的ではなく、産学官民の連携によって、地域に伝わる数多くの貴重な文化財を研究し、それを子どもたちが理解できる形に翻訳していくなかで、災害対策を含めた地域の生活や文化を受け継いでいってもらおうというもので、大湊町振興会からの強い希望に基づく方針です。そこでは歴史にとどまらず、地理、資源再生、健康、福祉といった方向からの研究と教育も行なわれて、災害対策を地域の文化に落とし込んでいきます。すべての活動と成果に、**地域の子どもたちの教育に資する**というベクトルをもたせます。

　災害対策は地域の文化にならないといけないという考え

です。ただの「技術」としてだけ受け取られていたのでは、定着も成長もしないからです。

産学官民の連携やそれによるイノベーションの有効性が各地で叫ばれますが、なかなか成長まで至りません。その原因のひとつは、成果が地域の文化として根を張らないからです。大湊町の試みは、産学官連携のあるべき姿を示すモデルとなることをめざしています。

終章

主役は地域、そしてあなた自身です

地震・津波に際しての避難について、現に住まわれている地域の問題、そして、自分自身の問題として具体的で現実的なイメージを描いていただけるようになったでしょうか。

最後に、いま一度、避難とは何か、対策とは何かを考えてみましょう。そして災害弱者を守り、地域を守り、私たちひとりひとりが生き延びるために、具体的に問題を探り、対策への取り組みを開始していただきたいと思います。

1　地域を知り、自分を知る

避難とは難を避けること

もしかすると、みなさんは避難というと、「今いる場所を離れて外に逃げ出すこと」と考えていたのではないでしょうか。必ずしもそうではなく、それが正しくないこともあるということを、今までの話から理解していただけたものと思います。

避難とは「難」を「避ける」ことであって、必ずしも「外に逃げ出すこと」ではありません。「外に逃げ出すのがより安全」とも限りません。あくまで「今いる場所の、今の状態」が基準です。

どんなにきびしい状況であっても、今の状態の安全度がゼロということはあり得ません。ある程度の安全は確保されているはずです。なぜなら、あなたは、今、生きているからです。もちろん、危険がないと言っているのではありません。今を危険とだけとらえることの誤りを指摘したのです。肝心なのは、そこから逃げ出せば「より安全」を獲得できるのか、つまり難を避けることにつながるのかということです。

どこかにもっと安全な場所があるとしても、そこまで移動するにはどれほどの危険があるかということも考えなければなりません。その危険を乗り越えたり避けたりすることは可能なのか、可能ならば具体的にどのように可能なのかといったことを評価した上で、その危険をあえておかすだけの価値はあると判断して初めて決行されるのが、「今の場所を捨てて」の避難、つまり「外部避難」です。他の場所に移る価値は今の状態でいるよりも大きいとは言えない、あるいは外部避難には無視できない危険を伴うと判断した場合には、今いるところを動かないことも適切な避難です。

「できること」しかできない

地震や津波は、来てみなければ大きさも、強さも、高さも、広さも、性質もわかりません。正確には予測できず、どんな予測も大きな誤差を伴うことが避けられません。敵を知り己を知れば百戦危うからずと言われますが、地震や津波の実像を事前に知ることは難しい、いや、残念ながら不可能なのです。

一方、私たちは自分が住んでいる地域のことを、調べ、分析し、評価し、考えることができます。自分に可能なことと不可能なことをはっきりさせることができるのです。不可能なことを少しずつ可能なことに変えていくこともできます。不可能なことを他で補うこともできます。

地震や津波という、そのときにならなければはっきりととらえられない「虚像」に対して予測やシュミレーションをいくらしてみても、どう行動するのが正しいのか確かな答えは出ません。そのうえ、自分の力（実際にできること）の理解も漠然としたままでは、助かるのか助からないのか堂々巡りの問いが続くだけです。これが地域の対策が思うように進まないひとつの原因です。それだから、「とにかく逃げろ！」「ベストを尽くせ！」などという具体性のない、対策の顔をした精神論がまかり通るのです。また、「地震・津波避難に答はない」などとうそぶく言葉も耳にしますが、そんなことはありません。

津波は1メートルでも10メートルでも、災害弱者の対策は同じです。それが1メートルでおさまる保証はないからです。津波の想定を大きくするのは勝手ですが、人間はそれに最後まで付き合えるほど強くはありません。私たちはできることしかできないのです。この自分ができることを超えて背のびして動こうとすると、かえって危険な状況に陥ってしまいます。自分や地域の「立ち位置」を決めて、この無意味な迷いから目を醒ましましょう。

「ベストを尽くす」という言葉に酔うことも、もうやめにしましょう。そのときにベストを尽くすのは当然のことだからです。誰でも死にたくないからです。

本当に必要なのは、あなたのベストとは何か、どうしたらそのベストが尽くせるのかを知ることです。いつ、どこで、だれが、なぜ、何を、どのようにするかを自分なりに具体的に知ることが、地震・津波対策というものです。

あなたは、自分ができることを知っていますか？　家族ができることを知っていますか？　地域ができることを知っていますか？　逆に、できないことを知っていますか？

自分を知り、家族や仲間を知り、地域を知ること、それが地震・津波対策そのものなのです。

2　対策の根や幹を育てる

防災意識は、時間とともに急激にしぼむことが避けられません。現状をみるかぎり、被災の現場となるであろう地域でも、対策が順調に育っているとは思えません。いつまでたっても、「危機意識」が叫ばれ、同じような避難訓練の繰り返しです。「真剣になれ」と無責任な指導者は口にしますが、被災するかもしれない地域が真剣でないはずはありません。ただ、どこから何に手をつけたらよいのかわからないだけなのです。

地域で地震・津波対策が進まない原因は、そこに「根」や「幹」がないからです。

災害というと、なぜかいきなり「対策」の話になってしまいます。でも、「対策」は樹木でいえば「花」です。そして、対策という花が咲いた後に、はじめて「果実」が実ります。すなわち、それが対策の成果なのです。樹木に花が咲き、果実が実るためには、まず根が張り、幹が生長して「枝葉」が繁らなければなりません。いきなり花が咲いて実がなることはないのです。それは無いものねだりの幻想です。

現在の地震・津波対策は、この幻想を追っているように見えます。「とにかく逃げろ！」という呪文によって、「とくかく花を咲かせよう」としているのではないでしょうか。花は「とにかく」は咲かないのです。咲く必然性が必要なのです。

それでは対策の根にあたるものは何でしょうか。地震・津波災害は地域が現場となるので、その地域の特質が根と土壌です。その地域は地理的にどのようなところなのか、どのような人々が、どのようなことを考え、どのように暮らしているのか、といったことです。それらをいろいろな方向から調べ、分析し、理解することが、土壌を豊かにして根を育てることにつながります。ひとまず対策を脇に置いて、その地域をとことん知ることから始めましょう。

根が張ってこそ初めて幹が伸び、枝葉が繁ります。根である地域の理解を踏まえて、そこにどのような弱点や利点があるのかを明らかにすることが幹や枝葉にあたります。そこで初めて、災害や防災というものが意識されます。問題が十分に明らかになり、その解決のために使える「こと」や「もの」が明らかになるということです。これらの知識や情報、すなわち養分が十分にたくわえられて初めて「対策」という花のつぼみがふくらむのです。逆に言えば、この幹や枝葉なしには、きれいな花は絶対に咲きません。問題がはっきりすればするほど、対策の花は大きく美しく咲くことができます。地域に根を張り、幹に枝葉を繁らせたよい樹木が、見事な花を咲かせ、よい実がなるのです。

ここで忘れてはならないのは、その土地その土地で育つ樹木の姿は、それぞれに違うということです。その地域の土壌に合った樹木が育つのです。それを無視して都合のよい花を咲かせようとしても、うまくいくはずはありません。

今の災害対策はこの道理をともすれば忘れているように思います。いきなり花や果実を求めてはいないでしょうか。樹木を育てるのは手間も時間もかかりますし、ノウハウも必要です。面倒なので、促成栽培をしたくなったり、造花で済ませたくなったりはしていないでしょうか。

3　対策の車輪

自助で生き延びる

災害、特に地震や津波のような広い範囲が被害を受ける災害（広域災害）の場合には、地域住民が心しておかねばならないことがあります。それは、「公的な助けはすぐには来ない」、「私的な助けもすぐには来ない」、さらには「自分からの脱出もすぐにはできない」ということです。助けるべき組織や人員も同じ被災者となることが多いからです。

ですから、災害が起こったときには、すぐに救助を願っても不可能と心得なくてはなりません。まずは、自分の力、地域の力だけで、なんとか持ちこたえるしかないのです。自衛隊の指揮官から「そのときには、地域の力でなんとか最低でも3日間は持ちこたえてほしい」と言われたことがあります。東日本大震災以上に被災が大きくなる可能性を考えると、最低、1週間くらいは地域だけで持ちこたえる力をつける必要があります。

図21　対策の車輪

ホイールとタイヤ

災害対策は大きなタイヤのようなものです。しかも、ホイールとタイヤ本体の二層構造です（図21）。ホイールは、大きな行政単位による対策です。法律を整備したり、避難に必要な施設を造ったり、自治体間の連携を深めたり、総合防災訓練を実施したりといった、大きな対策です。

一方、タイヤ本体は地域による対策です。とくに、路面と接する表面の溝は、地域自身が刻む必要があります。泥が深い道にはそれ専用の溝が、雪道にはそれ専用の溝が必要なように、地域によって溝の形や深さが違うのです。その地域に合った溝が刻まれないと、タイヤ全体がうまく回転しません。いくらホイールが立派でも、溝の良し悪しがタイヤの性能のかなりの部分を支配します。

災害対策でも同じことで、行政による大きな対策は重要ですが、一方でタイヤの溝にあたる地域の対策が成長しないと、全体がうまく回転して進んでいかず、せっかくの行政の対策も無駄になります。

この溝を刻む作業は、地域にしかできません。地域の路面の状況をいちばんよく知っているのは、地域の住民自身だからです。

助けられやすい行動

地域は、地震・津波の被災の当事者であり主役であることを認識しましょう。そして、主役ならではの振る舞いをしましょう。助かりたかったら、ただ「助けてくれ！」と言って漫然と待つのではなく、「助けられやすい」イコール「助けやすい」行動をすることです。どのような手段を使って、どのように行動するとよいかを学んで、その準備をして、実際にできるようにしておくことです。

たとえば、ヘリコプターが捜索や救助に来ても、それを漫然と待っているだけでは、なかなか発見してもらえませんし、早期に必要な支援物資を届けてもらえません。助けてもらう側から、「私はここにいます」「こういう人がいるので至急助けてほしい」「こういう状態なので、こういうものがほしい」ということを、いかに早く正確に伝えることができるかで、うまく助けてもらえるかどうかが決まるのです。

そのための方法はいろいろあります。反射材やカメラのフラッシュを使ったり、ボードを使ったり、今は携帯電話やスマホが普及していますから、それらを使って自分の位置や詳しい状況を、直接、救助者に知ってもらうことができます。

　行政や警察・消防などとの間の地上の情報連絡網を整備しておくことはもちろん大切ですが、とくに、地震・津波災害の場合は、ただちに自衛隊などの偵察航空機が上がりますので、空への情報発信のうまいやり方を地域が知っていると有利です。私がかかわらせていただいている地域では、阪神淡路大震災や東日本大震災の救援とその指揮に深くかかわった陸上自衛隊のベテランパイロットに来ていただき、それらを実行する方法について講義していただきました。

　地震・津波避難では、「助かる」と「助ける」の両方のベクトルがうまく交差することが必要ですが、それを早期に可能にするには地域の力が必要なのです。他人任せでは助かるものも助かりません。

4　小学校を対策の拠点に

　地震・津波対策では、
・事前の準備
・実際に発災したとき
・その後の避難
それらのすべてにおいて、地域では、小学校がその中心として機能するということを知っていただきたく思います。

子どもたちが暮らす場所ですから、もともと人間の生命維持のための様々な設備が整っています。さらにそれらを強化していくことで、緊急時だけでなく、中長期の避難場所としても有効です。

そもそも、小学校は地域のたいていの建物よりはるかに頑丈です。情報伝達のための通信装置もあります。避難に必要ないろいろな物品を備蓄することもできます。

小学校はまた、地震・津波避難における地域住民の統率や管理、運営の中心として機能することができます。先生や地域の役員など、リーダーとなる人材も集まりやすいし、職員室などをそのための場所として使うことができます。

小学校はふだんから、子どもたちのためだけでなく、地域の住民のための防災教育の中心として機能します。そして、小学校が地域の地震・津波対策のために中心となれるのは、なんといっても「そこに子どもたちがいるから」です。子どもたちは地域の宝であり、未来への希望ですから、地域全体が大切にします。その意識によって、子どもたちは地域の絆を紡ぎます。「子どもたちのために」、これは地域が団結できる唯一の大義名分であり、不思議な呪文です。

子どもたちを中心にすると、ＰＴＡや子供会、自治会、老人会、地域の活動グループ、保育園・幼稚園などが、互いに連携して集約的な地域の地震・津波対策の仕組みを作りやすくなります。「子どもたちを守る仕組み」は、おのずと災害弱者の基準によって作られますので、そこに地域の様々な災害弱者をリンクさせることができます。子どもたちを軸として、地域で災害弱者を守る仕組みを育てることができるのです。

5　災害対策は総力戦

地震・津波対策には、万能の方策などありません。人間生活にかかわるすべての要素について細かく検討し、しかも総合的に考えることが不可欠です。

テーブルにすべてを

地域が地震・津波対策を育てるためにまず必要なことは、自分たちの姿をできるだけ詳しく知ることです。ひとつとして同じ地域はありませんので、そこで必要とされる対策も、対策の実行のしかたも異なります。

行政などによる大きな対策は、すべてに当てはまることを念頭に置いた対策です。逆に、どこにでも完全には当てはまるわけではありません。そのままの形で地域に当てはめようとすると、無理が生じて使い物にならなくなります。地域の特徴に合わせた取捨選択や、修正、改編、追加などが必須です。それを行なうのは、もちろん地域自身です。

地域の災害弱者が使える対策を作るためには、まず地域のすべての住民が、地域のすべてのことをテーブルの上にぶちまけてみることから始めます。どのような人がいて、どのようなことを、どのように考えているのか。どんな危険や不安や問題があるのか。どんな場面でどんなことが起こると思われるのか。どんな要望があるのか。どんな役立つ人や物が存在しているか、逆に、何が不足しているのか。等々、思いつくことすべてです。

地域のすべてをぶちまけたら、それらを分類してみましょう。これは地域としてできること、これは家族や個人ができること、これは子どもたちでもできること、これは行政でないとできないこと、といった具合です。なかには、誰にもどうにもならないことが出てくるかもしれません。

この分類を分析して、具体的な対策につなげます。解決に取り組むべき問題や、そのために使える資源などを明らかにしていきます。そして、それらの結果を地域の住民全員に知らせて理解していただきます。

以上が、地震・津波対策を作る上で、まず地域がやるべきことです。もちろんそれと同時に、地震や津波の避難の考え方や方法について、正しい知識を得るための教育活動も必要です。

コミュニティーの力

地震・津波のときの災害弱者の避難では、地域の力というものがとても大切であることを感じていただけたでしょうか。どうしても行政主導の大きな対策ばかりに目がいってしまいがちですが、災害は地域が主戦場であり、最前線でたたかうのは住民自身であるという意識をもつことが必要です。行政は、あくまで後方支援です。

そこで力を発揮するのが、地域コミュニティーの様々な活動です。自治会だけでなく自主的なグループもあります。そういったなかで培われる人と人との心のつながりが、地震・津波に立ち向かうときの大きな力になります。

もちろん、個人個人が当事者として正しい知識をもつことも重要です。そのためには、外部の研究者や教育活動を活用することができます。私は、看護がそれに大いに貢献できると考えています。看護教育の専門家は、その取り組みに力を入ていく必要があります。

看護の力を活かす

そこで、「看護の力」というものについて最後に述べたいと思います。私は大学の看護学部の教員ですから、とくに強調したいのです。

看護は読んで字のごとく「よく観察して、お世話して、積極的に護る」仕事です。「護る」対象はふだんから災害弱者です。病気やケガをされた方の直接的な医療行為はもちろんですが、相談にのったり、一緒に考えたりすることができます。しかも、おなかにいる赤ちゃんから、お年寄りまで、すべての年齢、どんな状態の方に対しても、お力になることができます。そのご家族や周囲の方々のお世話もできます。肉体的なことはもちろん、精神的なことや、制度や法律的な支援をとりつけるといったことまで、多岐にわたって活動することができます。

看護師は、組織で活動する知識や経験があります。情報の収集や伝達、その管理や運営といったことにも携わることができます。つまり、看護は医療機関を含めた地域の安全や健康を守ることに総合的にかかわることができるプロなのです。そのような人材を活用しないのは、地域にとって非常にもったいないことです。しかも、そのような人材となりうる看護師の有資格者は地域に必ずいます。試算ですが、私が住む三重県では、県民60人に1人くらいは看護師の資格をもっている人がいます。実際に小学校でお聞きしてみると、１００の家庭があればそこに10人近くの看護師がいることがわかりました。中には、今は看護の仕事に就かれていなくても、その知識と経験を活かして地域社会に貢献したいという方がたくさんいらっしゃいます。もともと、人をお世話することに関心があって看護師になった方々ですので、当然といえば当然のことです。地域で公的な役割を果たしている看護職として保健師がいますが、それ以外にも地域の力になっていただける潜在的な看護の力が存在することに気づいていただきたいと思います。

東日本大震災の避難所でも、そこに看護師の資格をもった方がいたことによって、みなさんがとても安心したという話をいくつも聞きました。「健康と安全のお守り」としての看護資格者の存在は、看護師自身が考えているよりも、はるかに大きいようです。

ですから、そのような地域に暮らす看護師資格者に、いざというときのために、ふだんから「地域の健康の組長さん」の役目を担っていただくことを考えるべきでしょう。

地域の災害対策でもっともいけないのは、「無いものねだり」をすることです。すでに存在する地域の災害対策資源にもっと目を向けて、それを掘り起こして、育てるべきです。

看護師以外でも、地域にはさまざまなことができる人材が暮らしています。そのような方々にもっともっと活躍していただくことを考えましょう。災害対策は総力戦なのですから。

あとがき

東日本大震災から5年の月日が流れました。惨状を目の当たりにして、南海トラフや首都圏を震源とする地震津波災害への危機感が急激に高まりましたが、私たちはこの5年間でいったい何が変わったのでしょうか?　地域では何が進んだのでしょうか?

私は、もし南海トラフの地震津波が起これば大きな被害を受けることが懸念される伊勢志摩で、地域の末端の集落の方々といっしょに災害弱者対策に当たっています。そこで目にすることは、マスコミや一部の防災関係者から流される情報とは大きく違います。何年経っても具体的な対策は一向に進まず、そして、対策が本当に必要な人々の間にあきらめの空気さえ漂っています。いったいこれは、どうしたことでしょうか。

そこで私はもう一度原点に戻って、東日本大震災で起こったことを調べ直してみることにしました。どのような人々に、いつ、どこで、どういったことが、どのように起こったのか、それはなぜなのか、といったことを、生身の人間、とりわけ災害弱者の視点に立ってあらためて分析しました。それによって、今まで見えていなかったものが少しずつ見えてきたように思います。犠牲の大きさから津波の恐ろしさを知っただけでは、いま地域が陥っているように、思考停止してしまって当然です。そこには現実に即した具体的な学びがないからです。私たちは尊い犠牲を無にしないためにも、精神論ではなく、もっと被災の実態について科学的・論理的に学ぶべきではないでしょうか。本書はそれらをまとめたものです。ここまで読み進めてくださった皆さんが、たとえどんな災害弱者、どんな不利な状況であっても、命が助かる可能性が高まる具体的な行動指針があることを知って、地域での防災対策に希望をもって取り組んでいただけたら幸いです。

ここで皆さんに、もう一度問いたいと思います。

東日本大震災で犠牲になられた方々は、果たして本当に「逃げ遅れた」のでしょうか？　単純に、それを逃げきれなかった原因としてしまってよいのでしょうか？　逃げきれなかった弱者が犠牲になるのは仕方がないことなのでしょうか？　もしかすると、それは行政による対策の理想像から見た結果論にすぎないのではないか？　私たちは、その言葉を鵜呑みにしてはいけないのではないか？　命を失った原因を、一方的に犠牲者のこころとからだの問題に押し付ける、大変失礼なことなのではないか？　東日本大震災の犠牲者は誰しも「助かりたい」と思って行動したはずです。けれど本番では、「逃げ遅れた」のではなくて「逃げきれなかった」という結果になってしまったのでしょう。そこから「なぜ？」を学ばなければ、また同じことが繰り返されてしまうでしょう。

この問題を突き詰めていくうちに、私はある言葉に対して違和感を覚えるようになりました。それは、「とにかく逃げろ！」という言葉です。あたかも、この言葉自体が対策そのものであるかのような顔をして、住民に呼びかけられているのは奇妙なことです。「とにかく逃げきる」ことができれば助かるに決まっていますので、それ自体は対策ではないからです。それは手段ではなく目的です。「とにかく」とはどういう意味なのか、「逃げる」とはどういうことなのか、その中身が大切なのに、肝心なことが置き去りにされたまま「逃げろ！」という言葉だけが繰り返されて、いつしか防災対策の錦の御旗に化けています。自明の理であるこの言葉を否定する人はいません。しかし、そんなことは専門家から言われるまでもないのです。この標語の罪は、元から助かりやすい住民はますます助かりやすくなる一方で、助かりにくくて対策が必要な弱者をますます助かりにくい状況に追い込んでしまうことです。「とにかく逃げろ！」「なぜ逃げないの？」「ベストを尽くせ！」と迫られて、高齢者などの弱者は追い詰められ、「うちらは、もういい」とあきらめの言葉をつぶやきます。対策難民（対策をしたがための難民）をつくってしまっているのです。繰り返しますが、「とにかく逃げろ！」は対策ではありません。「とにかく逃げる」ことができるようにするにはどうしたよいのか、それを考えて現実に即した実行可能な仕組みを構築していくことが対策というものなのです。

私は看護学部の教員として、日々、ナースの卵たちの教育にあたっています。看護で教えるのは、「病気を見るのではない、患者さんを見る（看る）んだよ」ということです。もちろん、病気は見るのですが、そればかりにとらわれてはならない。病気を制圧するのが目的ではなくて、病気をもっている患者さんという人間がよりよい人生を送れるように支援するのが看護である、という意味です。病気が完治できれば喜ばしいことに違いありませんが、必ずしも完治できるとは限りませんし、理想とされるような治療が受けられる場合ばかりではありません。でも、患者さんがどのような経過をたどっても、そこに敗北という文字はありません。それぞれの方々がそれぞれの立場で、よりよい人生が送れるように支援することが大切なのです。災害対策も同じです。すべての住民が行政や指導者が想定するような理想的な避難ができるわけではありません。しかし、それができなくても、決して敗北でも落ちこぼれでもありません。あきらめる必要などありません。勝てなくても負けないことが大切なのです。

人間を見ましょう。もちろん、地震や津波のことは見るのですが、地震津波対策は人間が生き延びるためにあるのであって、決して地震や津波という自然現象を制圧するためでも、行政を満足させるためでもないのです。ひとりひとりの命を守ることが目的です。

地震津波対策の弱者視点の考え方や現実的な対策を、ここ伊勢志摩の地から提案したいと思います。地域はすべて違いますし、住民もひとりひとりすべて異なります。それぞれの地域で、それぞれの方々が、人間の視点、弱者の視点から、もう一度、地震津波対策を見直していただけますと幸いです。

最後に、私の友人であるベテランのテストパイロットが危機管理の講演で使っているスライドにある言葉を、皆さんに紹介したいと思います。どうか、その意味をよく考えていただきたく思います。

「危険の予知はむずかしければど、起こってしまったことは防止可能のはず。でも、なんでまた起きるの？　対策が的を射ていない、原因が違うのでは？」

「起こったことの何が真実かを追求することが大切。問題を『この問題を早く解決する』にすり替えてはならない。危険がかくれてしまう」

「何事にもだまされるな！　何でも疑いなさい。そして正解を導き、適切な対策を打ちましょう」

「次から気をつけよう！　こんな平和な発言をしてはいけません。もしかすると、幸運は今回が最後かもしれません」

＊

本書をまとめるにあたり、以下の組織や地域の方々にお世話になりました。伊勢市立東大淀小学校、東大淀地区まちづくり協議会、東大淀町会、伊勢市立大湊小学校、大湊町振興会、伊勢市危機管理課、志摩市和具自治会、志摩市布施田自治会、志摩市社会福祉協議会、志摩市介護老人保健施設志摩の里、志摩市地域防災室、三重県立水産高等学校、志摩医師会、明和町立大淀小学校、斎王の舞保存会、鳥羽商船高等専門学校制御情報工学科、三重大学生物資源学部、三重県透析研究会、毎日新聞社伊勢支局、伊勢新聞社伊勢志摩総局、伊勢志摩経済新聞、NHK 津放送局、三重県南勢志摩地域活性化局、皇學館大学教育開発センター、陸上自衛隊明野駐屯地、名古屋市エリア支援保育所モデル事業、名古屋市立守山保育園、朝日新聞フォトアーカイブ、東北地方整備局震災伝承館、岩手県建設業組合、アジア航測株式会社、共同通信社、日本地理学会災害対応本部、愛知県立大学看護学部、市民活動団体Mie Protect Oneself（三重 自分の身は自分で守る）、SAVE Pray JAPAN・祈りと和（岡崎市）（敬称略、順不同）。心から感謝の意を表します。また、地域で看護師として活動する妻、明美は執筆をあたたかく見守ってくれました。ありがとう。

渡邉吉之、山根峯治、菱川暁夫、村越真（静岡大学教育学部）、ロバート・ゲラー（東京大学大学院理学系研究科）、堀口澄子の各氏からは、様々な助言や助力をいただきました。

私の講演内容を詳しく検討して、東日本大震災に対するご自身のジャーナリストとしての深い思いも込めて、出版を強く勧めてくださったのは鳥巣清典氏です。そして、氏はすぴか書房とのご縁を導いてくださいました。すぴか書房の宇津木利征氏は、このような本の出版を快く引き受けてきびしくご指導くださいました。みなさまに深く感謝申し上げます。

本書を東日本大震災のすべての犠牲者の魂に捧げます。

2016（平成28）年3月（東日本大震災から6回目の3月11日を前に）

清水　宣明

■著者紹介── 清水宣明（しみずのぶあき）
愛知県立大学看護学部教授
専門：微生物学、感染制御学、コミュニティケアシステム
略歴：1959年、栃木県鹿沼市生まれ。山形大学理学部卒業。千葉大学医学部生化学教室、国立がんセンター研究所ウイルス部で基礎医学の研究を開始。成人T細胞白血病ウイルス2型（HTLV-II）の遺伝子構造の世界初の決定プロジェクトに参加、同時に山形大学理学部修士課程入学。1986年、群馬大学医学部博士課程に進学、エイズウイルスの研究に取り組む（後天性免疫不全症候群；AIDSは当時大きな社会問題となっていた）。1990年、医学博士。1993～1994年、フランス（パリ）のコシャン分子遺伝学研究所留学。帰国後、群馬大学医学部衛生学教室助手、後に講師。2013年4月より現職。
本書執筆の背景：2009年の新型インフルエンザ流行を機に三重県伊勢地域の小学校をフィールドとしたインフルエンザの感染制御研究を開始、小学校内の流行進行の仕組みと学級閉鎖の効果を解明して報告。研究テーマを地域の健康と安全の危機管理へと広げて、自らも居住する伊勢地域で喫緊の課題である地震津波対策に関わる。非現実的な精神論が先行して有効な対策が進んでいない現実を知り、災害弱者の視点に立った科学的な「避難学」の必要性を痛感する。研究の地域還元として行なってきた勉強会や講演会はすでに100回を超える。また、具体的な対策づくり（地域との共同研究）が進行中。毎日新聞地方版に防災コラム「看護の視点からの地域の災害弱者対策」を連載。
趣味、その他：趣味はフルート演奏、飛行機、アマチュア無線、カメラ、山歩きなど。小児白内障により6歳で両眼の水晶体を失うが、無水晶体眼者として国内ではじめて国土交通省より航空機操縦訓練許可書を取得。自衛隊のパイロットなど航空関係者に多くの友人をもつ。また、地域の子どもたちの「斎王の舞」と出会ったことを機縁に、神職の資格を取得（大分県豊後高田市三宮八幡社の禰宜）。『斎の舞へ』を上梓（甲野善紀と共著、2006年、仮立舎）。

☆

2016年3月24日　初版第1刷発行

津波避難学

命が助かる行動の原則と
地域ですすめる防災対策

著者　清水宣明

編集及発行者　宇津木利征

発行所　有限会社すぴか書房
〒351-0114 埼玉県和光市本町2-6 レインボープラザ602
電話 048-464-8364　FAX 048-464-8336
http://www.spica-op.jp
郵便振替口座 00180-6-500068

印刷／製本　中央精版印刷株式会社

用紙　ラフクリーム琥珀N 77.3g/㎡　マーメイド しろ桜

＊本書の全部または一部を無断で複写複製することは、著作権法上での例外を除き、禁じられています。複写を希望される場合は、必ずその都度事前に、発行者（所）に連絡して許諾を得てください。スキャニング、デジタル化は一切認められません。

© 2016 Printed in Japan
ISBN978-4-902630-25-1